minne が教える
売れる
きほん帖

〉改訂版〈

minne 作家活動
アドバイザー
和田まお 著

minne
by GMOペパボ
公式本

インプレス

はじめに

2019年4月に書籍『minneが教える 売れるきほん帖』を発売後、この3年あまりの期間で作家・ブランドの皆さんを取り巻く環境は大きく変化しました。

旧来のマスメディアを使った宣伝戦略とは異なり、個人の情報発信を軸に小さな経済圏を築くブランドが、大きな世の中の変化の中でも生き生きと持続できていると感じます。

改訂版となる本書は、これまで通り普遍的な「ネット販売の基礎」とともに、より「ファンづくり」について考える内容を盛り込みました。

「悩んでいることは同じでも、解決方法はみんな違う」

手軽にファンを獲得する方法や、こうすれば必ず売れる! といったセオリーはありません。基本的なことに1つずつ取り組みながら試行錯誤し、チャレンジを続けることが大切です。

この本を通して、少し肩の力を抜いて、自分だけの解決方法が1つでも見つかり、作品制作の日々が1日でも長く続くことを願っています。

minne作家活動アドバイザー
和田　まお

CONTENTS

CONTENTS

CHAPTER 06
情報発信を上手に使って "あなたの作品が欲しい" と思ってもらおう

INTRODUCTION

「売れる」

ためには
どうすればいいか

Bad

▶ 売れない作家さんの共通点

こんな売り方していませんか？

Bad Point 1　お客様の姿を
想像できない状態で
作品を作っている

年齢は？

好きな
モチーフ
は？

性別は？

Bad Point 2　「注文がきたら応える」
という受け身の姿勢

1件注文

発送で
満足

Bad Point 3　雰囲気で
価格を決めたり、
「高いと売れない」と
思い込んだりする

見た目や
既製品の価格に
合わせている……

¥1,000

＼ 雑誌掲載 ／　＼ minne ランキング 上位 ／

素敵な **ネタ** や **実績** が書けない

Bad Point 4

「素敵な文章を書かなきゃ」
と気負いすぎて
筆が進まない

Bad Point 5

苦手意識を持ち続け、
撮影を積極的に
行えない

＼ なんとなく撮っただけ ／

009 –

Bad Point 6

即効性を
求めすぎている

SNSの
フォロワーが
＼ 増えない ／

Good

▶ 売れる作家さんの共通点

試行錯誤し
チャレンジし続けている

Good
Point **1**

理想の
お客様像と
未来の自分の
ビジョンが明確

20代の
花柄好きな女性が
ターゲット

p.13 ▶

Good
Point **2**

販売計画を立てて、
目標に向かって
制作数をコントロール
できている

p.25 ▶

Good
Point **3**

制作時間・制作数・売上・利益の
相関関係を理解している

原価　利益　を正しく計算できている

p.41 ▶

Good Point **4** 作品の魅力を言語化し、
様々な切り口でお客様に
作品を紹介できている

p.61

世界に1つしかない、
オーダーメイドの
テディベア。
洋服も1から
デザインしています

あなたの
作品の魅力は?

Good Point **5** 撮影練習を継続し、
作品の魅力が伝わる写真を撮影している

p.83

Good Point **6** 「ファンを増やし、育てる」視点で
情報を発信している

＼ SNS ／ ＼ イベント ／

p.119

minneで売れるもの

家具や食品、アクセサリーなどのハンドメイド作品のほか、ものづくりを促す素材・道具、手作りキット、アンティーク・ヴィンテージのアイテムまで。自分の手だけを利用してつくったもの、誰かの手やテクノロジーの力を借りてつくったもの、こだわりを持って生み出されたものをminneで販売することができます。

【minneの作品に関する利用規約】https://minne.com/terms

オリジナル作品
\（代理販売OK）/

素材・道具
\（既製品OK）/

\ 食品 /

アンティーク・
\ ヴィンテージ /

CHAPTER

01

Vision

自分にとっての
理想の作家像を決めよう

自分が目指す「売れる」を見つけよう

「人気」=「売上」とは限らない

▶ ここが **Point**

> 「人気作家」と一口に言っても、その売上には
> 大きな幅があるということを頭に入れましょう

華やかに見える「人気作家」の実態は？

「人気作家さんが、どのようにして売れるようになったのか知りたいです」とよく質問されます。では、この質問者が言う人気作家とは、どのように人気がある方のことを指しているのでしょうか？ この質問を投げ返すと、右のページのように様々な答えが返ってきます。こういった、皆さんが思う「人気作家像」は、どの方も一見華やかで利益もたくさん出ているように見えます。しかし、その売上を実際に紐解いてみると、人によって売上規模に大きな幅があることがわかります。

Advice

「特集ページに
掲載されればOK」
ではないんです

minneの特集に掲載されても、ただ見守っているだけでは、リピーターの獲得や売上を伸ばすことは難しいでしょう。自分が多くの方に注目される時期をどう活かすかが大切です。
（p.22参照）

＼よく聞く／ みんなが憧れる作家像3パターン

Aさん

1点ものの刺しゅう作品を販売し、Instagramで告知後、数分で完売

売上予想

制作に手間暇がかかるので、販売価格によります。もし、作品単価が1万円以下であれば、月の売上は3～5万円程度と推測できます

Bさん

Twitterフォロワー数が2,000人いる

売上予想

Twitterのフォロワー数と売上金額は必ずしも比例しないので、未知数です

Cさん

minneランキングに度々登場し、2ヵ月に一度はイベントに出展している

売上予想

ランキングには相当な数を毎月販売していないとランクインしないので、minneだけでも月に数十万円以上の売上がありそうです

▶ **超売れっ子作家さんに見えて実は……**

Dさん

・委託販売先が全国に数か所あり
・年に数回イベント出展あり
・ネット販売は公開日に即日売切れ
・SNSのフォロワーもたくさん

売上予想

3,000円の作品を月20個売る作家さんだとして、売上が月6万円。1作品3時間と仮定し月の制作時間は60時間。これに、顧客対応、宣伝、新作の研究等の時間も20時間ほど必要。80時間働いて売上6万円ですが、さらに80時間分の時給と材料、梱包資材、宣伝用の印刷物などの諸経費を差し引くと、赤字!?

まとめ

「人気がある」＝「利益が出ている」わけではない

「チャンスが巡ってこないから人気になれない」と思い込む方はとても多いです。しかしminneの特集など、第三者に自分の作品を紹介してもらえる機会は、簡単に巡ってはきません。特集に掲載されなくても、月10万円の売上を出している方はいます。「人気」というイメージに振り回されずに、まずは自分が目指す「売れる」について考えてみましょう。実は「目標を立てる」「お客様の行動を研究する」「地道に続ける」、この3つに取り組むことが、人気作家への道に繋がっていきます。

作品のジャンル数は「作家像」次第

▶ **ここが Point**

> 販売する作品は1つのジャンルに絞っても、絞らなくてもどちらが正解というわけではありません。迷ったら未来の自分の作家像を想像しましょう

何を売ろうか迷っている

初心者の方から「色んなジャンルの作品を作っていて、何を売ればいいのかわからない」という悩みをよく聞きます。売り方のビジネス本には作品ジャンルを絞ったほうが売りやすいと書かれていますが、ここでの「売りやすさ」とは、「宣伝活動のしやすさ」を指していて、必ずしも絞る必要はありません。例えば、下の3つの作品を作っている作家さんがいます。この方はクラッチバッグ専門作家になるか、このまま色々作り続けるべきなのかと悩み始めます。どちらが正解、ということはなく、どちらでも作家として成り立っている方はたくさんいます。何を売ろうか迷ったら、右の事例を参考に、自分がなりたい未来の作家像について想像してみてください。

＼ こんな作品を作ってます ／

| クラッチバッグ | スマートフォンケース | ヘアゴム |

自分が目指す作家像を想像してみる

Case 01

1つのものを極める **専門作家**

特定のアイテムに絞って制作活動をする場合、売り方を考える際に作戦を立てやすい、というメリットがあります。しかし下記のような具体的な作戦が立てられなかったり、購入者のイメージが明確でなかったりすると、全く売れないリスクも。

(例)都会的な雰囲気の20代後半女性をターゲットにブランドづくりをする
(例)クラッチバッグにあしらう刺しゅうのデザインを変えて展開するので、作品数が増やしやすい

▶ **ココが大切**

1つのジャンルの専門作家になる場合は、継続してもつらくない作業や好きなアイテム・技法を選ぶことが大切です。実は、クラッチバッグにはあまりこだわりがなく、なんとなく作ったことがあるから……といった動機の場合は、作っていくうちに飽きてしまうケースがあるので要注意です。

Case 02

様々なアイテムを制作する **マルチ作家**

複数のアイテムを制作する場合、デザインを統一することでセット販売が可能になり、お客様のコレクション欲を刺激できる、といったメリットがあります。しかし、作品に一貫したテーマがないと、様々なタイプのお客様に向けて宣伝しなければなりません。

(例)布花をあしらったバッグ・ネックレス・ピアスをシリーズ作品で制作する
(例)親子でお揃いの洋服などをトータルコーディネートできる作品を展開することで、親子のライフスタイルを提案する

▶ **ココが大切**

「気の向くままに作った作品」をただショップに並べるだけでは、購入者からは「なんでも屋さん」に見えてしまって、購入意欲が湧かないケースがあります。p.18で解説していますが、ここで、カギとなるのが「どんな方に買ってほしいか」という点です。お客様が明確なら様々なものを売っていても統一感が出しやすくなります。

まとめ

どちらの作家スタイルを選ぶにしても、作品を購入するお客様像を考えることが大切です。こうすることで今後、作品数をどうやって増やしていけばいいか、宣伝をどうすべきかなど見通しが立てやすくなっていきます。

買ってくれるお客様を
言葉で表すことが大切

▶ ここが **Point**

> 『どんな購入者に買ってほしいか』を言葉で表現できないということは、お客様像がイメージできていないということ

どんな人に買ってほしいか考えてみる

前のページのラストで、販売する作品を決めるとき、未来のお客様を想像することが大切だとお伝えしました。誰かのためではなく、自分が好きなものを作りたいから考える必要はない、と思われるかもしれません。ここで大切なのは、自分が好きなものを作るのか他人の好みに合わせるか、ということではなく、買ってくれる方がどんな方か、ということです。もし自分の好きなものを作るにしても、それを買ってくれる方が、どういう方なのかを明確にすることで、作品のアイデアやショップの見せ方、自分の作家像も固まり、よりお客様にも作品の魅力が伝わりやすくなります。

Advice

売上が伸び悩む原因は『購入者がイメージできない』から

目標を立てていなかったり、気の向くままに様々なアイテムを作っている場合、売上が伸び悩むケースが非常に多いです。これもお客様像をイメージできていないことが原因。右のページを見てなぜイメージすることが大切なのか確認しましょう。

未来のお客様を明確にしよう

Step 01 作るものを書き出す

自分の販売したい作品を書き出してみましょう。ここでは右の3つの作品を作っているマルチ作家さんを例にして考えていきます。

> クラッチバッグ

> 布花のモチーフの
> ついたヘアゴム

> 花柄の
> スマートフォンケース

Step 02 お客様を言葉で表現してみる

『布花のヘアゴムを使ったまとめ髪の女性が、クラッチバッグを持っている。左手に持ったスマホには花柄のケースをつけていて、女性の雰囲気に合っていてとてもかわいい』といった感じで、3つのアイテムを1人のお客様が使うシーンを想像してみましょう。

お客様をイメージしてわかったことは？

上記の結果を見ると、花柄が好きな女性をお客様としてイメージできます。「誰に向けて作るのか」という制作方針を固めると、作品が増えても雑多にならず、素敵なブランドを作り上げられます。また、「このお客様に似合いそうだから○○を作ってもいいかも」と、自然と新作のアイデアも生まれます。

> 確認

「1人」の人物像では完結しない場合は？

毛糸で作ったクラッチバッグ、レジンのヘアゴム、木製のスマートフォンケース、と作品のテイストが異なる場合、色々なタイプの方に向けた宣伝が必要です。作品によってショップを分けるのも1つの手段ですし、実際にそうして活動している方もいます。しかし、初心者作家さんの場合は、最初は1つのショップ内で展開する形をおすすめしています。まずは販売してみて様子をみる方法もあります。

悩みの沼から抜け出すために！

行き詰まったら「私」から「お客様」に置き換える

▶ **ここが Point**

❶ 販売活動の悩みは誰にでもあること
❷ 悩んだときはお客様の目線で考える

悩んだときに自分のことだけ考えていませんか？

販売活動に関する多くのご相談をお受けする中で、気付いたことがあります。それは、自分中心の悩みを抱えているときは突破口がわからなくなるということです。実際にお悩み内容を聞くと「私は●●だから売れない」という感じで、相談内容の中に「自分」と「作品」のことしか登場しないケースが多々あります。購入するのはお客様です。販売活動で悩み事ができ、突破口が見つからないときは、右のように悩み事の主語を「私」や「私の作品」から「お客様」に変えてみましょう。

Advice

**販売活動を
始めれば
誰でも悩みます**

イベント会場で人だかりができている作家さんや、minneで注目を集める作家さんを見ると焦ってしまうこともあると思います。でも、今活躍している作家さんは悩みを重ねて成長されてきているので、「私だけ……」と自分を落ち込まないことが大切です。

悩み事のループから抜け出すコツ

▶ 作家Aさんの悩み事

悩み①

私には
ライバルが多い

悩み②

私の作品は
高いから売れない

悩み③

私の作品には
魅力がない

主語を「お客様」に置き換える

▼ ▼ ▼

お客様は私の
存在を知らない

お客様は作品価値
に気づいていない

お客様は自分に
合う作品だと
知らない

その結果 / ショップページの情報不足、情報発信が
できていないことが原因と気付いた

まとめ

モヤモヤの主語を「お客様」にすると
解決策が見える

上の図では、お悩みの主語を「お客様」に置き換えてみました。悩
み①のライバルが多いから作品が埋もれてしまう状況の原因は、お
客様が「作品を知らない」からだと考えられます。単に「私の知ら
れていない」つまり「情報発信できていないこと」が原因です。悩
み②〜③も同様に主語を置き換えると、ショップページの紹介文に
作品の価値や使い方の説明が不足している可能性があります。この
ように、悩みの主語を置き換えて課題に向き合っていくことで、「次
に何をすれば解決するのか」の道筋が見えるようになります。

Column

特集に掲載されて安心しない

注目されているときこそ
ファンを増やすチャンス!!

作品ページの完成度と
次の行動がカギ

例えば、今minneの特集に掲載されたらどうします
か。ここで「売れるのを楽しみにしながら待ってい
る」という解答は不正解です。特集に掲載された作
家さんのアクセス数は平常時よりもグンと伸びます
が、掲載されただけで必ず売れるわけではありませ
ん。下と右の図のように売上を伸ばす在庫数、作品
の魅力が伝わるページ、迅速な情報発信などが大き
な売上を生むカギになります。

ヘアアクセサリーの特集に掲載

▼

作品ページに情報が少ない

| 写真が
1枚しかない
【情報不足】 | プロフィール
が少ない
【信頼できない】 | 作品の説明文
が短い
【使用感がイメージ
できない】 | 特集への掲載
を告知しない
【相乗効果を
得られない】 |

▼

作品の魅力が伝わらず、購入に繋がらない

Good

ヘアアクセサリーの特集に掲載

▼

作品ページの作品に関する情報が豊富

特集掲載作品
以外の作品も情報を
\ 充実させよう /

**写真が5枚以上
掲載されている**
（お客様が買い物を楽しめる）

**作品の使い方が
提案されている**
（購入後がイメージできる）

▼

豊富な情報量で注文に繋がる

▼

予想以上の反響で在庫数が0に

SNS・minneページで即再入荷のスケジュールを
告知したのでフォロワー数が増えた

NG例は
明らかに情報不足！
次のページの
ポイントを押さえて
\ 売上に繋げよう /

売れる機会を逃さないポイント

在庫を切らさない

売上を伸ばす作家さんは、在庫を切らさないよう、常に先手を打って材料を揃え、高い売上目標を達成できるだけの制作計画を立てています。「特集に掲載されてから取り組む」のではなく、常に高い目標を持ち、いつチャンスが来ても対応できるよう、基盤づくりができているのです。

再入荷の時期を情報発信

どうしても、品切れになってしまう状況もあります。そんなときは、品切れ状態を放置するのではなく、再入荷の時期をおおよそでいいのでお客様に発信しましょう。「再入荷の際は、SNSで告知する」という文面でも問題ありません。再度売り場に来てもらう機会を作れるだけでなく、フォロワー数が伸びるきっかけにもなります。

上手くいかないときは 次のチャンスに繋げる

チャンスは誰にでも回ってきます。「特集に掲載されたのに売れなかった」で終わらせず、「なぜ売れなかったのか」という点をしっかり振り返って考えてみましょう。そして、突然いつどこで注目されても対応できるよう準備しておくことが重要です。

売上目標10万円

∨

その金額分の 在庫を用意

∨

いつ大量注文が来てもOK

＼ 購入できなかった お客様に向けて ／

SNSで 情報発信

特集に掲載されたのに 売上が伸びない

∨

その原因は??

Question

1点もので 在庫数が 限られる場合は どうすれば？

1点ものを制作している作家さんも考え方は同じで、1点もの＝希少価値をPRし、次回の販売時期の予告も合わせて行いましょう。再販までお客様に楽しみに待ってもらうことができます。

CHAPTER

02

Plan

売上目標を決めることが、
理想の作家像への第一歩

自分のなりたい作家像に近づくために

まずは目標を
決めてみよう

▶ ここが **Point**

> 売上目標・在庫数・制作時間の3つの数字を出し、
> 販売計画を立てましょう

目標、立ててますか？

作品が売れずに悩んでいる方は、「売れない原因は作品だ」「特集に掲載されないから」と考えていることが多いです。そんな作家さんたちに、私はまず「目標を立ててみましょう」とアドバイスします。売上に悩んでいる方は、目標を設定するのが一番効果的です。売上を伸ばしている作家さんは「自分の売上目標を立てている」「目標に向かって課題に取り組んでいる」といったことができています。例えば年間12万円、月1万円という売上目標を立てます。すると、その金額を達成するためには、月何個売ればよいか、在庫数・制作時間はどのくらい必要なのか数字が出てきます。では次のページで具体例を出しながら、目標の大切さを一緒に考えていきましょう。

Advice

**目標を立てることを
怖がらないで**

達成しないと恥ずかしいという思いから、目標設定に取り組めない方もいます。目標は他の方に公開する必要はないので、誰かに知られたり責められたりはしません。目標に向かって行動することが初めの一歩になります。

\ まずはここから / 目標を立ててみよう

Step 01 長期計画でざっくりと

まずは1年後の自分の売上金額について考えてみましょう。年間20万円の売上を出すなど、ざっくりとした金額で大丈夫です。そこから逆算して月ごとの売上目標金額を計算します。逆の決め方でも大丈夫です。目標とする売上金額を出すことで「月何個、作品を売るのか」が見えてきます。

Aさんの目標

年間売上20万円を目標

↓ 月の売上金額を計算

月の売上が1万6,700円必要

↓ 販売個数を出す

1,200円の作品を月14個売ると目標達成

では、毎月14個作れる？

Step 02 自分の生産力を知る

Step 1は少し考えるのが難しい、なら自分の生産力を考えてみましょう。自分が月何時間、制作に費やせるのか知ることも大切です。例えば、月30時間は制作時間が取れ、1作品作るのに1時間かかるとします。これなら上図の売上目標分の在庫数は毎月無理なく用意ができます。もしここで制作時間が足りない場合は、1作品の単価を上げるか、売上目標自体を見直す必要があるとわかります。

027

まとめ

無理な活動をしないためにも、目標を元に販売計画を立てていきましょう。ショップに並べる作品数はお客様が「品揃えが豊富で迷っちゃう」というショップを作るために多めに用意してください。最初は販売目標分の1.5倍の在庫数が目安です。せっかくお客様がショップに訪れたのに全て「sold out」という状況を避けるためでもあります。

さきほどの目標の立て方に沿って
新米作家のAさんの例を見ていきましょう。

▶ **Aさんの作家活動について**

布・ビーズを使ったブローチを販売

目標を立ててみる

・1点1時間ほどで完成する。これ以上、制作時間を短縮するのは難しい
・価格は1点1,500円で販売。月に10点ほど販売している
・目標は月売上5万円、年間60万円

step 01 売上目標に必要な在庫数を把握する

まずは今の価格で目標を達成するには、いくつ在庫数が
必要か考えてみます。Aさんの作品は単価1,500円なので
5万円の売上目標を達成するために、34個は在庫が必要
です。ここで大事なのは毎月34個作るために34時間の
制作時間が確保できるかどうかです。「今の自分には月
に30点が限界かも……」という場合は、作った作品が
全て売り切れたとしても4万5,000円です。その場合、A
さんは今の価格のままでは売上目標を達成できないこと
に気が付きました。

▶ 月売上5万円を達成するために必要な在庫数は?

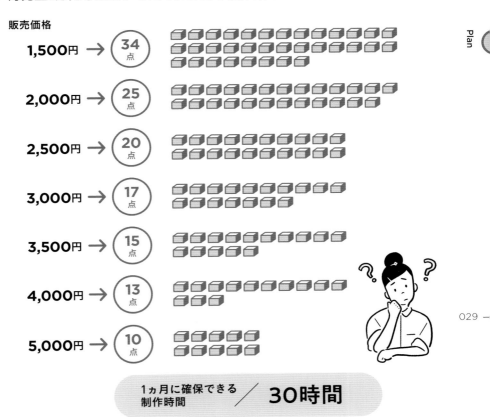

販売価格

1,500円 → 34点

2,000円 → 25点

2,500円 → 20点

3,000円 → 17点

3,500円 → 15点

4,000円 → 13点

5,000円 → 10点

1ヵ月に確保できる制作時間 / **30時間**

step 02　価格を変えて目標を達成できるか考える

では次に価格を変えて月5万円の売上目標を達成する方法を考えてみましょう。上の図のように売上5万円を達成できる価格と在庫数を出しました。今までと同じ販売ペースで目標を達成するには単価5,000円に改定する必要がありますが、さすがにこれはハードルが高すぎます。では、仮に1,500円の作品を2,500円に価格改定すると、必要な制作時間は20時間です。これならAさんも無理なくできます。目標を明確にしたことで、必要な在庫数と自分の生産力について改めて見直すことができました。

不安に負けないで！

最初の1個を売れば
道が開ける

▶ ここが **Point**

> 売りに出さなければ、
> 「売れる」か「売れない」かもわかりません。
> まずは出品して、お客様の反応を見ましょう

まずは出品して様子を見る

「もし1点も売れなかったら、どうしよう」と不安になって売り出せない方がたくさんいます。ですが、最初はどの作家さんもminne上でフォロワー0人からのスタートです。「他の作家さんに比べてラッピング技術が足りない」など準備期間に長くかけすぎてスタートラインに立てない状況はもったいないです。作り手の創意工夫や想いが詰まった作品であれば、多少写真に難があったり、説明文が書き足りなくても、minneのショップを拝見すると1〜2点は自力で売れています。ここで、「ちょっとしか売れない！」と不満に感じるかもしれませんが、実はこの最初の1点を自力で売るということはすごい成果であり、重要なのです。

Advice

**出品してみると、
不思議と課題点も
見えてきます**

出品してみて、ある程度売れる方は今のまま進めていっても大丈夫。3ヵ月たっても1点も売れない場合は、この後の章で紹介する価格・文章・写真の3つのポイントを見直してみましょう。

03 始めてみたら、想定外のことが!?
「大変だな」と思ったら
すぐに見直しを

▶ ここが **Point**

> 販売してみると想定外のことがたくさん起きます。忙しくて制作が追いつかない、プライベートの時間がないなどを感じたら、計画を見直しましょう

一度決めた目標は途中で変更してもOK

ちょっと無理をしていると感じたら、その都度販売計画を見直しましょう。作家さんによって抱えている悩みは様々です。

例えば、最初はお客様からのリクエストに応えるのが楽しくてオーダーメイドを引き受けていたが、リクエスト内容のやり取りに手間がかかり、価格が安くて利益も出ず、通常作品の制作に支障が出てきたなどは、よくあるケースです。この場合、オーダーメイドの価格設定を見直す、オーダーそのものを受けない方針にするなど解決方法はいくつか考えられます。まず自分が何に悩んでいるか、その原因について自問自答してみましょう。

▶ よくある見直し事例

手元に残るお金に満足できない	→	価格設定の見直し
予想以上の注文数で休む暇なく作業している	→	月の制作時間の見直し
シーズンアイテムの売れ行きが芳しくない	→	販売開始時期と告知の見直し

目標とともに自分も
ステップアップしよう

▶ **ここが Point**

> 1年目は月の売上2万円、2年目は売上5万円、3年目は
> 売上10万円とステップアップしていきましょう

年々売上を上げたい、そのためにどうするか

ここでは、どのように目標を立ててステップアップして
いけばよいのか、を解説します。販売活動では取り組む
ことが山ほどありますが、あれもこれも完璧を目指すと、
いくら時間があっても足りません。次のページからはあ
くまでも一例として、ステップごとの売上目標を元に、
やるべきことに優先順位をつけて、少しずつ取り組む項
目を増やしていくケースを紹介します。事例は、作品の
平均価格2,500円のアクセサリー作家が3年間の目標計
画を達成するというストーリーです。
売上目標を立てたら、毎月達成を目指して活動するのが
通常ですが、毎月売上を安定させることは実は非常に難
しいです。そのため「1年間のトータルで達成すればよ
い」という気持ちで取り組んでいくことがおすすめです。

Advice

**目標は2〜3年後の
状況まで考えよう**

目標はできれば3年後まで決めましょう。高
い目標があると、達成するために取り組むべ
きことが見え、計画が立てやすくなります。
イメージが難しい場合は、まずは1年間の売
上目標を立てることからで大丈夫です。

最初の目標 / 月に2万円の売上目標からスタート

初心者の方には、最初の売上目標を月2万円から始めるのがおすすめです。もちろん、それ以下またはそれ以上でも大丈夫です。
無理のない目標設定から始めましょう。

▶ **月の販売個数目標： 2,500円×8個**

目標を達成するためのポイント

- **作品に適正価格を設定する**……p.44参照
- **販売作品を12点以上用意**
- **写真撮影を練習する**……p.88参照

  1作品に5枚掲載するとして、1カットに対して平均10枚練習。合計1作品あたり50枚練習しましょう。写真は撮影を積み重ねていけば上達します。洋服やアクセサリーの場合、最初は着用画像はなくてもよいので優先度を下げて、まずは物撮りを練習しましょう。

- **お客様に自分を覚えてもらう**

  自分のブランドを覚えてもらえるように、minneのショップURLを掲載したショップカードを用意し、必ず送付時に同封するなど最低限やってみましょう。

ブランド名とショップの
＼ QRコードを載せるだけでOK ／

写真：st drop laboratory

まずは自分のことを覚えてもらうことが大切

平均の作品価格が2,500円の場合、月に2万円の売上を達成するためには8個販売することが必要です。そのとき、品揃えを多くしておくのがおすすめです。お客様にとっては「どれを選ぼうかな」と迷う時間も楽しみです。「今回はこれを買って、次はこっちも欲しいな」などと考えながらショップを見てもらい、閲覧時間が長くなることで、ブランドのことを覚えてくれる可能性が高まります。販売する作品は少なくとも12点以上のバリエーションが望ましいです。

2年目の目標 ／ 月5万円の売上目標に

2年目で3万円の売上Upを達成するには、
作品ラインアップの充実と販売ページの見直しがカギです。

▶ **月の販売個数目標： 2,500円×20個**

目標を達成するためのポイント

- **一度に複数購入してもらえるショップを作る**
  例えば、同じモチーフを使ったピアス＋ネックレスなど。セット売りもでき、
  単品売りもできるようにして、お客様1人の購入単価を上げていきましょう。一度にご購
  入いただけなくても、後日のリピート買いも期待できます。

- **シーズンアイテムを用意する**
  バレンタインデー・クリスマスなどイベント時期の
  関連商品はminneでの検索がグッと増えます。
  シーズンアイテムと一緒に主力作品を買ってもらえるよう、
  その期間は在庫を多めに用意しましょう。

- **写真に着用画像を取り入れる**
  写真は何年たっても、地道に練習を重ねてください。
  着用画像はモデルが必要になるので難しい場合は
  無理に用意しなくても大丈夫。トルソーなどで代用しましょう。

- **プロフィールや作品説明の文章を見直す**……p.66参照

クリスマス
限定商品で
売上Up

複数購入で客単価Upを目指そう

2年目は、お客様1人あたりの購入単価を上げることを意識
します。そのための戦略として、選びやすさに繋げる提案力
と、併せ買いを促すショップづくりが大切です。「どれでも
お好きなものをどうぞ」というバラバラな売り方から、「同
じ素材シリーズ」「作家のイチオシ」「プレゼントに人気の組
み合わせ」など、作品の特徴や強みを見つけ、作品同士を関
連付けてアプローチしてみましょう。SNS等での宣伝にも応
用できるはずです。

/ # 月の売上10万円
ちょっとベテランさんに

「新規顧客とリピーターを意識し」息切れしない販売計画を立て
「未来への種まきの時間を確保する」ことに取り組みましょう。

▶ **月の販売個数目標： 2,500円 × 40個**

これをベースに、ファンを育てる作品構成を
考えましょう。

目標を達成するためのポイント ─────

・価格帯を松竹梅の3段階に分けて作品を制作……p.58参照

それぞれの価格帯で、
何個ずつ販売して10万円の売上を構成するか、販売計画を立てていきます。
（例）
「松」……平均8,500円、月に4個販売する　　3万4,000円
「竹」……平均2,500円、月に18個販売する　　4万5,000円
「梅」……平均1,700円、月に13個販売する　　2万2,100円

・SNSなどで宣伝活動を行う……p.130参照

販売ページだけでは伝えきれない情報をSNSで発信。
仕入れの様子や制作風景、イベント出展予告など、
minneのショップを見て興味を持ってくださった方が
「もっと知りたい！」と思える、お客様にとって
フォローする価値のあるアカウント運営が目標です。

作品の価格帯を3段階に分ける

今までの価格だと、月40個販売しないと、売上目標には達
しません。これでは、制作量を倍にするしかなく、負担が大
きくなります。そこで、主力商品である2,500円の作品を中
心に、ちょっと時間をかけて作る高価格帯の「松」の作品と、
短時間で作れる低価格の「梅」の作品をラインアップに加え
て、制作時間を大きく変えず売上を達成する価格設定にしま
しょう。このように、1年ずつ目標を設定することで、自分
の力量に合わせて活動できるようになります。

何も変えていないのにどうして!?
去年と今年は同じように
売れると思わない

▶ ここが **Point**

> 売上が減少したときの原因を知るには、お客様がショップを訪問する経路から探ることが大切

下がった売上は自然に戻ると思わない

「いつも通りなのに、昨年より売上ダウン」「アクセス数が年々減っている」という場合、このまま待っていれば自然に回復する……という保証はありません。販売活動をして、一定の売上をキープすることは難しく、ムラは必ずあるものです。大切なのは、売上が落ちたときに、その規模を認識し、減少した原因を明確にすることです。周りの作家さんは「新しくお客様に見つけてもらう努力」を繰り返しています。気付いたら自分だけ取り残されてしまった……なんてことにならないためにも原因を究明しましょう。では、どう原因を究明すればいいのか、一緒に確認していきましょう。

Question

**自然と売上が
戻ったら
どうすればいい?**

自然と売上が戻ったとしても、その理由がわからないので、同じ状況に陥ったときにどうすればいいか解決策が見えません。未来の自分のために、売上が下がった原因は明確にしておきましょう。

売上が減少した原因を考えてみよう！

step 01 売上減少の緊急度を正しく理解する

「売上が半減した」という言葉を聞くと「大変だ！」と慌ててしまいますが、実は「誤差の範囲だった」ということもあります。売上の減少について、どこまでを「誤差の範囲」と捉えて、どこからを緊急事態と捉えるかは、売上金額、購入者数、作品の平均価格によって大きく変わってきます。まずは、自分の売上減少がどのくらいの緊急度なのかを確認しましょう。緊急度が高い場合は、Step 2に進みましょう。

例）月商4万円が2万円に！売上が半分に減ってしまった！

・作品平均価格が2万円の場合

> 月商4万円で2名の購入が1名に ▶ これは誤差の範囲

・作品平均価格が2千円の場合

> 月商4万円で20人の購入が10人に ▶ 何か理由がありそう

step 02 お客様がショップを訪問する経路を確認する

緊急度が高い場合は、まず自分のお客様がどこからショップを訪問しているか確認しましょう。お客様はminneからだけでなく、イベント、雑誌、SNSなど、色んなきっかけでショップを訪問します。「今月はSNS投稿数が先月の半分だった」、「イベント出展したときにショップカードを切らしてしまい配れなかった」など、お客様がショップを訪問をするきっかけが減っていないか考えてみましょう。お客様が訪問するきっかけが減れば、もちろん売上も減少します。売上が減少した前後の販売活動を振り返ってみましょう。

【お客様がショップを訪問するきっかけの例】
minne/イベントでショップカードを貰ったから/リピーター/雑誌やWeb掲載/
SNS/Googleなどの検索から/知人の紹介

売上が減少した場合は緊急度とお客様の訪問する経路の2つから、原因を探っていきましょう。地道なことですが、売上をキープしたい場合は、これらを意識的にやっていくことが大切です。

怖がらなくても大丈夫

ブランドづくりには
一休みもときには必要

販売活動を休止するときは
お客様にしっかり告知しましょう

時には作家活動を休止しなければならないこともあります。しかし、1ヵ月売上が0になり、そこから元通りにできるのか。何よりお客様との関係性が壊れてしまいそうで不安になりますよね。直近の売上にとらわれすぎると、身動きがとれなくなります。販売を休止する際はお客様に告知し、休止期間中も情報発信だけは継続するといいですよ。

販売を休止するときの注意点

お客様に必ず告知する

最終販売がいつなのか
再開予定はいつごろかを告知する

▼

休止期間中も情報発信

お客様に向けてPRしましょう

▶ 価格を見直す

今の価格帯だと利益が少ない、作品のラインアップを作り直したいなどで一時休止するケースです。このとき、売上が一時的に0になるのが不安なら、長期的に見て休止期間の売上をカバーできる計画を立てましょう。価格などに課題があるのに放置するほうが問題です。下の例では、元々利益が少なすぎたので価格改定で利益を高め、約2ヵ月で休止期間中の売上もカバーできる計画を立てました。

> 作品単価：2,000円（原価：1,400円）
>
> 月の販売数：50個
>
> 月の売上：10万円（利益は3万円）

制作時間はこれ以上増やせないが利益を増やしたい

▼

原価を元に適正な価格に改定

作品単価：3,000円（原価：1,400円）

月の販売数：33個

月の売上：9万9,000円（利益は5万2,800円）

▼

結果
1ヵ月休止したとしても利益増によって
休止期間の売上を1ヵ月強でカバーできる

休止理由2

▶ ライフスタイルが変わり、一時休止

期間を明確にせずとも、一度作家活動をお休みしたい状況になったときは、まずはしっかり休むことが最優先です。制作はお休みしてもSNSの情報発信だけは継続する方もいますし、再スタートの際には新しいブランド名やコンセプトを打ち出し一新する方もいます。一度コツコツとファンづくりを重ねてきた経験があれば、リセットしてもまた積み上げていくことができるはずです。

今の販売が継続できず
\ 一度休止したい /

例えば
・急な引っ越し
・出産
・仕事が多忙になる

休止理由3

▶ イベントに出展するのでその準備でネット販売ができない

イベントに出展するとなると忙しく、ネット販売まで手が回らないこともあります。イベント終了後に、イベント会場で買い逃してしまったお客様や会場に足を運べなかった方に向けて、1日も早くネット販売を再開することが「ファンを増やす」ことに繋がります。イベントでの宣伝活動が、その後のネット販売に繋がるよう意識してみましょう。

イベント出展で
ネット販売を
1週間お休み

▼

**販売再開日を
事前に告知**

▼

**イベントで知った方が
minneを訪問**

CHAPTER

03

Price

安くつけがち！
自分の目標・原価に合った、
ちょうどいい価格の見つけ方

作品っていくらで売ればいいの?

ちょうどいい 価格の見つけ方

▶ ここが **Point**

> 作品の見栄えや市販品の価格に合わせるのではなく、「また頑張って作ろう」と思える価格であることが大切

"なんとなく"価格を決めていませんか?

「作品には適正価格をつけましょう」というフレーズを聞いたことがあると思います。では、「適正」な価格とは、一体いくらでしょうか? この「適正」に正解を見いだせずに、悩みを抱えている方は初心者作家さんだけではありません。販売活動を開始して3年ほどたった作家さんなど、多くの方が模索している課題です。右のページのようになんとなく価格を設定しているケースが多く、このような価格設定は、「適正価格」を下回ることが非常に多いです。ハンドメイド作家さんにとっての「適正価格」とは、まず、制作活動を前向きに継続できるだけの利益を残せる価格設定であることが大切です。

Question

今の価格で、10個注文が入ったら嬉しいですか? 困りますか?

「10個注文が入って嬉しい!」と思えたら、必ずしも価格改定の必要はありません。「作るのが大変だな……」と、少しでもネガティブな感情が浮かんだら要注意。作家活動のモチベーションキープも難しくなってきます。

\ もったいない！/ 価格設定あるある

Case 01 見栄えで決める 雰囲気価格

「手間がかかったけれど、見た目は小さいし地味なので、少し安めにしよう」と、完成した作品の雰囲気で価格を決めている。

Case 02 市販品の 価格帯に合わせる

「市販品の価格帯」と比較して「同価格帯かそれ以下」で設定してしまうケース。ニットのマフラーや布製の化粧ポーチなど実用的な作品を作っている方にありがち。

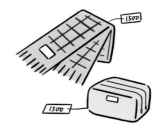

その結果 / **適正価格を下回ることに……**

重要

「高ければよい」わけではありません

「ちょっと安いと思うけれど利益に不満はない」という作家さんは、無理に価格を変える必要はありません。ここで伝えたかったことは、自分自身が設定した価格に心から納得しているか、ということです。「本当は4,500円で販売したいけど、3,000円くらいにしようかな」と、このような価格設定はやめましょう。注文が入り毎日が忙しいけど、手元にお金が残らないという状況になると、作家活動を休みたくなってしまうのも時間の問題です。

作品の適正価格を計算する

▶ ここが **Point**

❶ 最初は基本の計算式で計算するのがおすすめ
❷ 販売価格を決める上で重要なのは原価・利益の2つ

原価には材料費以外も含まれます

では自分の作品の適正価格を計算していきましょう。価格の決め方は人それぞれで、材料費だけ補えればよいという方もいれば、作品に見合った利益が欲しいという方もいます。ここでは後者の利益を得るための価格計算のやり方を紹介します。販売価格に含まれるものは「原価」「利益」の2つです。

一般的に販売価格は「原価」の3倍と言われています。では、「原価」には、何が含まれているのでしょうか。多くの作家さんはこの原価を間違って計算しています。ポイントは原価＝材料費ではないということです。次のページでは原価の出し方について解説していきます。

▶ **販売価格の計算式**

原価		利益		販売価格
材料費・梱包費・人件費など作品を作る上でかかった費用	**＋**	新作開発のための制作費、新しい道具を購入するための未来資金、minne手数料※	**＝**	

※minneでは「作品価格＋購入オプション価格＋送料」の10.56％（税込）が販売手数料として発生します。

最初の落とし穴「原価＝材料費」はNG

▶ 1作品の原価を出す方法は？

❶〜❽の合計 ÷ 作った個数 = 1作品の原価

内訳

❶ 材料費
❷ 材料を買いに行く際の交通費
❸ 作品を作るために使った電気代、道具代
❹ 試作の費用
❺ パッケージや梱包材などの資材
　（OPP袋、ガムテープ、緩衝材、段ボール、ショップカードなど）
❻ アトリエの家賃、水道光熱費
❼ 制作者の人件費
❽ ショップカードやフライヤーなどの印刷代

作品を作る上で
かかった費用を
＼ 全て含める！ ／

▶ ❼制作者の人件費の出し方

制作時間 ✕ 時給 ÷ 制作個数 ＝ 1作品あたりの人件費

人件費の
決め方

人件費を決める際、まず、1作品あたりの制作時間を計ってみましょう。制作時間が2時間の場合、時給1,000円と仮定すれば、人件費は2,000円です。時給を決めにくい人は各都道府県の平均賃金を参考にして設定してみると考えやすいです。

(例)原価が1,000円の場合の販売価格と利益の計算

販売価格は3倍が適正目安なので

原価 **1,000**円 ✕ **3** ＝ 販売価格 **3,000**円

計算した数字を元に利益を計算すると…

原価 **1,000**円 ＋ 利益 **2,000**円 ＝ 販売価格 **3,000**円

まとめ

価値ある作品を制作しているのですから、自分の働きがどのくらいの時給に相当するのか考えることも大切です。原価を出せば例のように販売価格と利益がもわかります。

＼実践／ 原価を出してみました

値付けに迷っていた、minne作家さんの作品の原価を計算してみました。

sziaoreo

原価を出す作品
石粉粘土のブローチ　　**500円**

値付けに迷い、なんとなく500円で販売

材料費（10個作るとき）

- ・紙やすり 250円
- ・石粉粘土 110円
- ・つや消しニス 760円
- ・接着剤 300円
- ・マグネット 110円
- ・マスキングテープ 150円
- ・筆 700円
- ・アクリルガッシュ 230円
- ・封筒 300円
- ・梱包材 500円
- ・透明袋 110円
- ・色画用紙 250円

▶ 原価を出して、販売価格を計算

| 材料費 **3,770円** | ＋ | 材料の買いつけの交通費 **500円** | ＋ | 人件費（1時間1,000円で制作時間8時間分）**8,000円** | ＝ | 10個分の原価 **12,270円** |

1個あたり
原価 **1,227円** ／ <u>**大幅な赤字が発覚**</u>

原因

原因は人件費を含めていなかったこと。このままだと自分をただ働きさせてしまうので、作家活動を長く続ける上で人件費を考えることが必須だとsziaoreoさんは気付きました。販売価格は原価を3倍にすると3,681円ですが、気軽にブローチを使ってもらいたいので利益も残せる2,000円で販売することに。

計算方法がわかっても悩む　価格設定

販売価格を決めても、それが購入してくれる方にとって高いか安いかは、自分では迷うものです。

そんなときは誰かに相談して意見をもらいましょう。

▶ 人に相談するときの注意点

相談する相手は、基本的にものづくりに理解がある方や、自分の作品に興味のある方にしましょう。そうでない方に相談すると、あまり考えずに「高い！」と言われがちです。また客観的な意見はあくまで参考程度にしましょう。最後は自分の作品のブランドイメージを第一に考えてください。

【例えば……】
・作家仲間
・自分のお店でよく買い物をしてくれる友人
・ハンドメイドに理解のある人

▶ 理由があるなら、値段を上げなくてもOK

アトリエを持たず家賃が発生しない自宅で制作している、本業の関係で無料で手に入る素材がある、など自分の制作環境ならではの安くできる理由があるなら、それらを活かした価格設定は大きな強みになります。単なる安売りと理由のあるコストカットを混同しないようにしましょう。

「安くないとみんな買ってくれない」って言うけど、「みんな」とは、誰?

安く販売するには、「たくさん売ることで自分が望む利益を確保できる」ということ、そしてたくさん売り続けるだけの宣伝活動と生産力が必要不可欠です。「安いほうがお客様が手を出しやすい」という理由で価格設定すると、安くしたのに期待通りに売れない、少し売れても大きな利益が得られない、などと作家活動が続かなくなり、本末転倒です。不安だとは思いますが、まずは適正価格で販売してみましょう。

どうして利益が重要なの？

利益は未来への投資に使うもの

▶ **ここが Point**

> ❶ 利益は未来への投資や新作開発のために必要な資金
> ❷ 人件費や設備費は利益ではなく必ず原価に含めよう

原価に人件費を含めることの重要性

多くの方は、売上が伸びて忙しくなり「一部の作業を外注したい」と思ったときに、大きな壁にぶつかります。右のCase1のように「利益＝自分の人件費」という構造にしてしまうと、このままだと外注費を自分の人件費から捻出することになります。

また、この場合、未来の楽しい活動資金も自分の人件費から捻出しなければなりません。例えば「工業用ミシンを買って制作できる作品の幅を広げたい」と思ったとき、自分の人件費から設備投資費を捻出していては、生活が立ち行かなくなります。作家活動を長く続けるためには、Case2のように、新作の開発費や新しい機材への投資費に使ったりできる「利益」を生むことが不可欠です。

Advice

ブランド規模や目的に合わせた利益に

利益は自分の求める金額であることが重要です。薄利多売もあれば高利益率の商売も存在します。自分に必要な利益を設定してみましょう。原価に人件費が確保できていれば、利益率は販売価格の1割でもOKです。

\ 図で解説 / **利益の大切さ**

Case 01　原価に人件費を含んでいない場合　**NG**

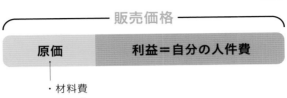

販売価格

| 原価 | 利益＝自分の人件費 |

・材料費
・交通費
・梱包資材etc.……

▶ **人手が必要になったとき**

| 原価 | 外注人件費など | 自分の利益 |

利益圧迫!!
自分の利益から外注費などを捻出することに。これなら売れていないときのほうが、手元にお金が残っていました。

Case 02　原価に人件費を含んだ場合　**OK**

販売価格

| 原価 | 人件費 | 利益 |

利益圧迫の心配ナシ
原価に人件費を含んで計算しておけば、自分の利益を圧迫することなく、誰かに作業を依頼することができます。

・新作の開発費
・新しい機材への投資費
・minne手数料

※外注費によって人件費の見直しは必要です

価格改定は作家活動を充実させてくれる

▶ **ここが Point**

> 実際に価格改定をどうやっているのか、先輩作家さんの
> 実例を見て参考にしましょう

一度決めた価格を変えるには勇気がいる

ここまで適正価格の計算方法と、利益を作ることの大切さを解説しました。でも、今の販売価格からどのように価格改定を行えばいいか、実際の価格改定がイメージできないという方もいると思います。右のページでは、価格に悩み、価格改定に至った2人の作家さんの事例を紹介します。2人とも、価格改定に成功した方です。改定前は2人とも雰囲気で価格を決めていました。ここで大切なのは価格改定によって、作家活動にどんなプラスの変化が生まれたのかということです。

Advice

**価格改定後は
お客様も
変化します**

「お客様が、価格改定後に離れて行った……」という現象は当然起こります。価格改定後は、購入動機が変化すると捉えましょう。「安いから購入」でなく、「この作家さんの作品だから欲しい」という選び方をしてくれるファンを増やすのが大切です。

\ minne作家に学ぶ / 価格改定

minne作家さんはどうやって価格改定を行っているのか、聞いてみました

siinamiina
作家歴：5年

民族の色鮮やかな色彩をヒントに、色とカタチをひらめきで刺しゅうしたヘンテコな顔アクセサリー"マサイフレンズ"を制作しています。

改定前
販売価格は
900円

→

平均
2,400
円に！

原価や工賃などきちんと計算したことで、作品の品質や材料の見直しにも繋がりました。

Q1 改定前の価格に決めた理由は？／なんとなく雰囲気で。サイズ感的にこれくらいかな？という漠然とした感覚で決めていたと思います。今思うと、自分が作ったものが売れるというイメージもできておらず、消極的な価格設定でした。

Q2 価格を変えよう！と思ったきっかけは／minneスタート時に、minne主催の勉強会に参加し、価格について相談させていただきました。改定前の価格帯を伝えると絶叫されました（笑）。

Q3 価格改定後、お客様の反応はどうでしたか／作家活動を始めたばかりで、大きな変化はありませんでした。ただ改定直後に初めてのイベント出展があり、そこへは新しい価格で挑戦。結果多くの方が購入してくださり、今の価格に自信が持てました。

価格改定に悩んでいる人へのメッセージを／"続ける"ことを考えて、自分が苦しくならない価格設定をおすすめします。適正価格と思って設定しても、見る人の感覚で「高い！」「安すぎる！」と反応は様々です。でも、自分の中で納得できる価格に設定すれば、きっと気にならないと思います。

＊森の木箱＊
作家歴：8年

おとぎ話の絵本に登場するような、森の動物や妖精さん、木や草花を大好きな編み物で作っています。

改定前
販売価格は
1,200円

→

平均
3,000
円に！

価格改定した3ヵ月後に販売7年目にして初めての月商10万円を達成！

Q1 改定前の価格に決めた理由は？／基準となる最初の作品価格が低かったので、その後の新作の価格も低くなるという感じでした。

Q2 価格を変えよう！と思ったきっかけは／年々受注数も増え、「大好きな編み物を趣味から仕事にしよう！」と決心したことで、価格の見直しを行いました。

Q3 価格改定後、お客様の反応はどうでしたか／価格改定時に、新しく高価格の作品も販売しました。作品に込めた想いも文章でしっかり紹介し、お客様から「こんな作品ほしかった！」というお声が。価格改定後、お客様との交流もより深くなりました。作品だけでなく、作り手の私にも興味を持って応援してくれる方が増えたように感じます。

価格改定に悩んでいる人へのメッセージを／価格改定は「改定した価格に見合う作品にするためにどうすれば？」ということに向き合います。苦しい時期ですが失敗したら、それは失敗したときに考えたらいいのです。経験値を上げるために思いついたことにどんどん挑戦していきましょう！

価格改定のタイミングは好きなときでOK

▶ ここが **Point**

> ❶価格を見直したい、と思ったらすぐ行動しよう
> ❷価格変更の告知の有無は販売実績などにもよるが自分の判断で

好きなときに価格変更できるのがネット販売のメリット

minneの場合、価格の変更に関して機能的な制限や利用ルールはありませんので、作家さんの好きなタイミングで、いつでも何度でも販売価格を変更できます。ここでは、価格改定時のお客様への告知の段取りについて、3つの方法を説明します。どの方法で価格改定を実施するかは、販売実績やリピーターの状況によっておすすめの方法はありますが、最終的には自分の気持ちで決めて大丈夫です。新たに設定した価格帯でブランドを覚えてもらえるよう仕切り直し、新しいスタートラインに立ちましょう。

Advice

価格改定の告知のタイミングも考えて

価格改定はご自身の好きなときに決めてください。告知をすると駆け込みの注文が入る可能性もあります。改定日の1ヵ月前に予告できれば、販売作業もゆとりを持って準備が進められるかと思います。

＼ ここに悩む ／ 価格変更の告知の仕方

Case 01 予告なく価格変更する

販売を始めて間もない方や、販売実績の少ない方、リピーターの割合が少ない方など、お客様からブランドのことをまだ覚えてもらえていない段階の方は、「思い立ったが吉日」。予告なしで価格変更して大丈夫です。

Case 02 予告なく価格変更後、事後報告する

対象になる方はCase1とほぼ同じですが、「価格改定をひっそりと実施するのは心苦しい……」という方におすすめです。この場合、minneのプロフィール欄などに改定のお知らせを掲載し、報告するケースが多いです。

▶ 文例

> ・材料費高騰のため、●●年△月より価格改定させていただきました。
> ・作業時間や原価を見直し、今後も制作活動を継続するために、販売価格を改定させていただきました。

Case 03 事前に価格改定の日時を予告する

この方法は一番手間がかかりますが丁寧な対応です。ブランドにすでにファンがついている方、リピーターが多い方、作品の認知度が高い場合はこの方法がおすすめです。予告期間などにルールはありませんので、ご自身の都合で決定してください。

▶ 文例

> 販売価格に関する大切なお知らせ
> いつも●●をご愛顧くださり、誠にありがとうございます。この度、制作にまつわる作業時間や材料費を見直し、今後もよりよいものづくりを継続するために、下記の通り価格を改定させていただきます。
> ●月●日以降のご注文は、新価格での販売となります。
> ご理解の程どうぞよろしくお願いいたします。
>
> 作品Aピアス　新価格　●●円
> 作品Bネックレス　新価格　●●円

大手企業のようなサービスは不要！

意味もなく配送料を
無料にしていませんか

▶ ここが **Point**

> ❶ 理由のない配送料無料はNG
> ❷ 「期間限定」・「〜円以上」の送料無料はOK

「配送料が高いと売れない」は思い込み

1,000円の商品に、配送料1,300円だと、高く感じます。しかし、3,000円の商品に、配送料1,300円はどうですか。先ほどよりもグッとハードルが下がっています。大手ショッピングサービスの「配送料無料」が日常化され、皆さんもそうしたほうが売れると考えてしまいます。

ですが、大手ショッピングサービスを自分と同じ立ち位置で考えてはいけません。1日に数千件以上出荷する大手企業とは資金力も売上も桁が違います。クリスマスシーズンなどの期間限定ならば「〜円以上は送料無料」などのファンサービスは売上UPへの有効な手段です。しかし、通年での送料無料は個人の作家・ブランドにとっての戦略としては一概におすすめはできません。販売価格に送料を含めて価格設定を行うのはOK。

Question

配送料がかかっても
売れるのは
なぜでしょうか？

ハンドメイド作品を購入する方は「ここでしか買えない」という価値を理解しているため、送料を払ってでも、購入されます。配送料は販売する方全員に発生するものなので、不利な条件と誤解しないようにしましょう。

「〜円以上は送料無料」の戦略術

▶ まとめて作品を買ってもらうシステムを作る

作家 Aさん

購入者は1回の買い物で1点購入する方がほとんど。月に100個の作品を、100人が購入している。

作家 Bさん

購入者は1回の買い物で2〜3点を購入。月に100個の作品を、40人が購入している。『5,000円以上の購入で送料無料』というサービスを実施中。

Bさんの
販売戦略

Bさんのショップでは単価の高い4,200円のネックレスと、単価の低い800円のヘアピンを販売しています。こうすることで「素敵なネックレスを見つけたので購入しようとしたら『5,000円以上の購入で送料無料』と気付き、同じ雰囲気のヘアピンを一緒に購入した」というストーリーが生まれます。

確認

どちらが負担が少ないか

上記のような2人の作家さんがいるとします。Aさんと
Bさんは作品の制作個数は一緒ですが、BさんはAさんより60件も発送業務が少ないです。その時間を、新作制作や宣伝に力を注げます。BさんがAさんと違う部分は、「〜円以上で送料無料」というサービスがあることです。単価の高い商品と、それと似た雰囲気の単価の低い商品を用意しておくなど、お客様が気持ちよくお買い物を楽しめる仕組みを作っています。このような送料サービスなら売上UPに貢献できます。

よかれと思う
ファンサービスの落とし穴

▶ **ここが Point**

❶ ラッピングやおまけは無理せず優先度を下げて
❷ 時間・予算・ブランドイメージ、最適な形を試行錯誤
してみましょう

ラッピングに時間をかけすぎていませんか

お客様から「素敵なラッピングやおまけがついてきて嬉しかった」と声をいただくと嬉しいですよね。とはいえ、初心者さんにとっては、これらが高いハードルになり、中には「ラッピングやおまけが気になってネット販売を開始できない」というケースもあります。ラッピングやおまけが素敵でも、作品を気に入っていただけなければお客様の満足度は上がらず、リピートにも繋がりません。おまけがダメなわけでも、ラッピングを頑張ることが無意味なわけでもありません。ただそれが大きな負担である場合は、優先順位を下げ、まずは「質のよい作品を売ること」に集中してください。

Advice

**忙しくなったら
ラッピングの
時間はない**

最初はラッピングに力を入れる時間も精神的余裕もありますが、注文が増えても同じクオリティのラッピングを継続できるでしょうか？ 最初はサービスのつもりでも、忙しくなったら制作に追われて、ラッピングに時間とお金を費やす余裕はなくなります。

\ 簡単にできる / 素敵なラッピング例

▶ リボン×シール

OPP袋に市販のリボンをシールで貼れば、中身が見える素敵なラッピングが叶います。シールにブランド名のロゴをあしらったり、カードを一緒に同封したり、応用しやすいアイデアです。

(写真：Collor)

▶ 白い袋＋包装紙

小さくカットした包装紙を袋に添えたり、貼ったり。季節ごとに柄を変えれば、リピーターも喜ぶラッピングに。袋を開けるのがワクワクしますね。包装紙は市販の紙や、オリジナルデザインの紙を作ったりと、色々なバリエーションが出せそうです。

(写真：ア・ポワン)

まとめ

ラッピングは難しく考えずシンプルに

今は文具屋さんやネットでも、ラッピングに使える、素敵なリボンやシールなどを売っています。OPP袋にリボンシールをあしらって、簡易包装としてお客様に送るのでも十分です。簡易ラッピングの写真を作品ページに掲載しておけば、購入者は届いたときの状態が事前にわかるので「届いてがっかりした」ということも発生しません。おまけについても、その分の材料費を、作品のクオリティアップに使ったほうがお客様は喜ばれるかもしれません。

売上を伸ばすテクニック

価格帯は松竹梅の3段階で 購入意欲をアップさせる

初心者から一歩進んだ売り方、 それが「松竹梅」戦略

p.35で「月の売上目標10万円」を達成するには、価格帯を松竹梅の3段階に分けることをおすすめしました。お客様の興味・関心度によって価格帯を分けて作品を展開する、それが「松竹梅」の価格戦略です。3段階用意することで、真ん中の価格帯が選ばれやすくなる心理的な手法でもあります。また複数購入を狙い「〜円以上の購入で送料無料」といったサービスと掛け合わせて購買意欲を高める手法もあります。

▶ 組み合わせることでお客様が楽しめる

下記のように単品やセットで購入できるデザイン展開や、単品商品を「ネックレス＋ヘアピン＋ピアス＋ポーチ」でセット売りにして「松」の商品にしてみるなどの展開も可能になります。

▶ **ペアのデザインで単品商品を セットで購入してもらう**

ペアで身につけた写真を掲載してもOK

▶ **セット販売で 「松」の商品として展開**

+

竹の商品　ネックレス
（写真：eotas）

梅の商品　ピアス
（写真：eotas）

親子ペアリュック
（写真：aka to ao GALLERY）

レターセット
（写真：ボンチセ）

▶ 松竹梅の価格設定のコツ （写真: mont bouche）

Rank 松 ▶ 「いつか手に取ってみたい！」という憧れ的立ち位置の作品です。作家さんの集大成でもあり、「この作家さん、こんな作品も作れるんだ」と技術力の裏付けになるようなイメージです。価格は主力作品の2倍以上で設定されるケースが多いです。他の作品よりも制作時間がかかるので、制作数は少なくて大丈夫です。

販売価格：7,900円

Rank 竹 ▶ 売上の柱となる価格帯です。売れ筋の作品やおすすめ作品を設定するケースが多いです。現在、全作品を同価格帯に設定している方が、今後松竹梅に展開し直す際には、これまでの価格帯を「竹」に設定すると取り組みやすいです。

販売価格：3,500円

Rank 梅 ▶ 一番手頃な価格帯で、お客様にとってブランドの入門編的立ち位置の作品。制作時間がかかりすぎず、竹に比べてある程度の数を作れる作品ラインアップが好ましいです。

販売価格：1,600円

▶ ここに1万円以上で送料無料のサービスが加わると

販売価格：7,900円

＋

販売価格：3,500円

2つの商品を買いやすくなる!!

あなたはどう思う？

これいくら？ 価格クイズ

価格の受け取り方は人それぞれ

下の写真はスタジオリーフさんのステンドグラスの名刺入れです。「アクリルではなくステンドグラスである」「触って怪我をしないよう角はきちんと削って処理をしている」。この2つを聞いて、この作品はいくらだと思いますか。今まで多くの作家さんにこの質問をして、一番安い価格で500円、高いと9,000円という答えがありました。このように価格の受け取り方は人それぞれです。ここで言いたいのは、今の価格設定が妥当かどうかは、作った本人しか判断できないということです。この作品が素敵だと思った方は、作り手の想いを理解し価格に納得して購入してくれるはずです。

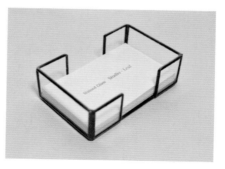

これいくら？

▼

正解は3,500円

CHAPTER

04

Page

お客様を惹きつける
文章や作品の見せ方を知ろう!
minneページの作り方

比べてわかる！
登録作品数の重要性

▶ ここが **Point**

> ❶登録する作品数は最低12個〜が目安
> ❷作品は1日（24時間）に1点ずつ公開するのがおすすめ

初めての販売開始！何個登録しますか

「登録する作品は何個？」と悩んでいませんか。迷った ときは、お客様の目線になって、「初めて自分のショッ プを見た方はどんな印象を持つか」をシミュレーション してみましょう。もし作品が1〜2個だと、右ページの 左の例のように「売り場が寂しく見える」「本当に活動 しているのか不安」という印象を与えます。作品数にル ールはありませんので、たとえ作品の種類が1点だけで も販売には問題ありませんし、ニッチな作品を少数販売 している作家さんも多く存在します。しかし、これまで に制作した作品が複数ある場合は、遠慮なく登録しまし ょう。minneでは、作品の情報は下書きとして非公開で 保存できますので、まとめて登録作業を行っておき、公 開は別途行うと負担にもなりません。

Question

minneの
「展示のみ」の設定、
ご存知ですか？

12点ほど作品画像が並んでいれば「作品が揃 っているな」と感じます。また、minneでは、 作品に価格をつけない「展示のみ」という設 定ができます。過去に制作した作品の写真な どをぜひ掲載しましょう。

2個と12個でこんなに違う！

\ 寂しい /

作品数 2

写真はとっても素敵なのに、12個のショップと比べると寂しく見えてしまいますね

\ ワクワク /

作品数 12

販売中と展示のみの作品が混ざっていますが、色々な作品があって、ショップを閲覧するとワクワクします

ページ：cocoon works

重要

作品公開は1日1点ずつがおすすめ！

作品は、一度に複数の作品を公開せず、1日（24時間）に1点ずつ公開するのがおすすめです。なぜなら、お客様は毎日必ずminneを閲覧しているわけではないからです。minneにはフォローしている作家さんの新作情報をお客様に配信する機能があり、この通知の頻度が1日1回なのです。そのため、作品登録のタイミングを24時間あけて実施し、通知の回数を増やすことで、お客様にショップが少しずつ変化していることをアピールしながら、ショップを訪問するきっかけを作っていきましょう。

これがminneの
ショップページ

▶ **ここがPoint**

❶ 9割のお客様はスマホからminneを見ている
❷ ページを作る前に必要な要素を確認して、準備しよう

ページ作成はスマホかパソコンで

minneのお客様は9割の方がスマホからアクセスしています。スマホのアプリとブラウザでの表示を比較すると、画像の表示方法などが少し異なります。ページ作成時は両方の見え方を確認しましょう。作品の掲載順序は並べ替えが可能です。

▶ **ショップページ（ブラウザ版・PC画面）**

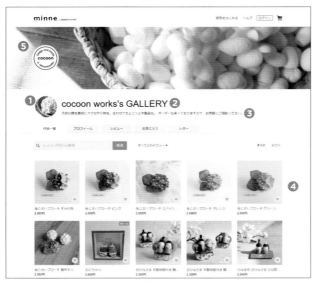

❶ アイコン／作家さんの目印になります。SNSを活用している場合はアイコンを統一し、覚えてもらいやすくしましょう
NG：ペットの写真、作品と関連性のない風景写真、商標権を侵害するキャラクター画像など

❷ ショップ名／ショップ名は後からでも変更可能です

❸ お知らせ／ショップ名の下に「お知らせ」を掲載できます。新作やイベントの告知などに活用しましょう

❹ 作品一覧／登録している作品の1枚目の画像が一覧で表示されます。特に4作品目までは閲覧してもらいやすく重要です。作品の登録数に上限はありません

❺ カバー画像／ブラウザ版ではカバー画像が表示できます

▶ 作品紹介ページ（iOSアプリ画面）

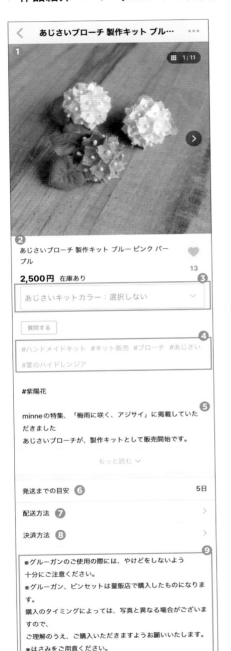

❶ 作品写真／1作品につき25枚の写真を掲載できます。
1枚目に掲載する写真は、一番素敵に撮れた写真を設
定しましょう。長方形で登録した写真も正方形で表示
されます（タップすると長方形で表示されます）

❷ 作品名／作品が具体的にイメージできる名前にしまし
ょう

❸ 購入オプション／1作品につき2つまで「購入オプシ
ョン」を設定できます。カラーバリエーションの選択
やギフトの有無、金具の変更などに活用できます

❹ ハッシュタグ／1作品につき5つまでハッシュタグを
設定できます。シーズンイベントの名称やカテゴリー
に属さない作品ジャンル名など、多く検索されそうな
言葉を設定しましょう。クリックすると同じハッシュ
タグをつけた作品の一覧が表示されます

❺ 説明文／どんな作品なのか、できるだけ多くの情報を
文章で掲載しましょう。文章も、短いより長いほうが
購買に繋がります。「興味を持ってくれる方」に向け
て書きましょう

❻ 発送までの目安／minneがお客様からの入金を確認で
きた後、作家さんが発送するまでの日数を設定します。
無理のないスケジュールで設定しましょう

❼ 配送方法／配送は好きなサービスを決めて、設定して
ください。最初は「全国一律」の料金で配送できるレ
ターパックや宅急便コンパクトなどに入るサイズの作
品販売から始めてみるのもおすすめです

❽ 決済方法／決済方法が表示されます

❾ 注意事項／作品の取り扱いや購入に関する注意事項が
あれば記載してください

ページ：cocoon works

お客様を惹きつける文章の書き方

▶ ここが**Point**

❶ 作品が売れない大半の理由は情報量の不足
❷ お客様が購入したくなる「作品名」「説明文」
「プロフィール」を作りましょう

文章を書くのが苦手でも大丈夫

販売が軌道に乗らない作家さんの理由の多くは「情報量の不足」です。実は作品の魅力が伝わる作品名・内容紹介が書けていない方が非常に多いです。作家さんの中には「文章を書くのが苦手」という方もいると思います。しかし、作品紹介文などを書く上で大切なのは、美しい文章を書くスキルではなく、自分がものづくりに賭ける想いや、作品の魅力をお客様と共有するために言語化しようという気持ちです。極端な話、作品の魅力を押さえていれば、それは箇条書きでも構いません。写真では表現できない部分をしっかり説明する内容や作品の背景を、ご自身の言葉で書いてみましょう。では、「何を書けばお客様の心を掴めるのか」を一緒に確認していきましょう。

Question

売れない理由を作品のせいにしていませんか?

売れない理由を「作品のせい」と勘違いしている方が多くいますが、実際に作品に課題がある方は本当にごく一部。売れない原因の大半は文章と写真にあります。ここではまず、作品の魅力が伝わる文章の書き方を紹介します。

作品名は簡潔に、でも魅力的に

作品の魅力や特徴が簡潔に伝わる3つのポイントを紹介します。

point 01 作品名は一覧表示を意識して

minneの検索結果ページでは、長い作品名の場合、右の画像のように「…」で省略して表示されます。作品名は文頭の10文字程度を重視して決めましょう。

（ページ：SETOH AKI）

潜水服は時の夢を見る iPhone…
2,800円

point 02 素材名、種類、テイストを組み合わせる

素材名（タッセル、パール、14kgfなど）、種類（ピアス、ネックレスなど）、テイスト（ポップな～、季節モノなど）を組み合わせるとちょうどいい作品名ができます。素材名や種類を優先するか、世界観や作品の雰囲気を重視するかは、作家さんが目指すブランドイメージに関わるので、ケースバイケースで考えてみてください。

麻の葉文様の折り紙の
ピアス 2way

色が選べる★
パッと華やぐリボンバレッタ

point 03 作品名と写真はセットで考える

minneでは作品名と作品写真はセットで表示されるので、写真で伝えきれない情報を作品名に入れると伝わりやすくなります。右の作品の場合、写真だけでは「ブローチなのかな？」「サイズ感は？」などわからないことがあるので、それを補足するような作品名をつけましょう。

NG：クジラ Aタイプ
OK：クジラさんマグネット ミニサイズ

作品名には作品の説明以外の情報は入れない
「再販」「いいね×100」などは作品自体の説明ではないため、作品名がこれらの言葉で埋まると作品の特徴や魅力が伝わりません。プラスαの情報は説明文でアピールしましょう。

購買意欲をかき立てる作品の「説明文」

作品の説明文は、「作品に興味を持ってくれる人が読む」ことを意識しましょう。購入の決め手になる場合もあるので、下記の4つのポイントを盛り込むと、購入を検討しているお客様の背中を押すことができるはずです。

Point 01 作品の概要を説明する

説明文の冒頭には「この作品が何なのか」ということを説明しましょう。文章が短すぎたり、注意書きなどを先に書いてしまったりすると「ところでこの作品は何？」という疑問が残り、あまりよい印象になりません。

文例

風合いの異なる2種類の青の朝顔が咲く、小さくてかわいらしいブローチ。「夏は汗が気になってネックレスが使いづらい」という方にもおすすめで、洋服の胸元や襟元などはもちろん、麦わら帽子などに留めても楽しめます。

Point 02 作品の魅力を引き立てるエピソードを盛り込む

ハンドメイド作品ならではの制作のこだわりや工夫は、作品が丁寧に作られた印象を与えます。作家さん自身しかわからない情報なので、詳しく書きましょう。

文例

最大のチャームポイントは上向きに大胆に伸びたつるです！大きくクルクルと巻いた様子は、身につけるとなんだか楽しい気分に。素材も本物の朝顔のような雰囲気のチェコガラスビーズを厳選しています。

Point 03 第三者のエピソードを紹介する

購入者の感想や使用例など、客観的な意見を盛り込むことで信頼度が高まります。minneの特集やSNSでの紹介等の事例もぜひ記載してください。

文例

朝顔シリーズの別の作品をご購入くださったお客様からは、みずみずしく、和風モチーフながら洋服にも合うと喜びのお声をいただきました。

Point 04 素材の特徴やお手入れ、取り扱い方法も丁寧に伝える

作品の大きさや素材、お手入れや取り扱い方法も詳しく紹介しましょう。実際に使用する際の不安が解消され、お客様が安心して購入できます。

文例

ワイヤーやビーズは、硬度の高い接着剤で補強しています。ぐらつかないよう丁寧に仕上げていますが、ワイヤーを無理な角度に折り曲げると破損の恐れがありますので、できるだけそっとお取り扱いください。

（その他：金属アレルギー対応の有無/水で洗える/直射日光は避ける など）

※文例はmusubimosaicさんの作品の説明文を一部割愛して掲載。

この作品の紹介文

▶ 4つのポイントを押さえて「説明文」を書き直そう

左の写真の作品を例に、4つのポイントを押さえ、作品の説明文を書いてみました。作品の魅力を具体的に書き出すことで、作品の魅力だけでなく、作家さんの一生懸命に取り組んでいる姿勢が感じられて応援したくなります。（写真：ta-ta）

NG

華やかで大ぶりなイヤリングです。
おしゃれしてお出かけする際におすすめのデザインですが、普段使いもできます。

 全体的に情報量の不足です。「おしゃれして」と言いつつ「普段使いも」と書いてあり、どんなシーンで使ってほしいのか具体的な想像がつきません

OK

ゴールドとブラックの豪華なイヤリングです。
大切な人の結婚式へのお呼ばれや、好きな人とのデートなど、特別な日にとびきりゴージャスなアクセサリーをつけてお出かけしてみませんか。
豪華な見た目によらず軽量でつけていてストレスフリーなのも嬉しいポイントです。

 デザインについて具体的に書かれ、使用するお出かけシーンが提案されているのが○。「軽量」という機能性もアピールできています

＼ こんな注意書きはNG！ ／

クレームを避けるために右のような注意書きを書きたくなるかもしれませんが、minneでは推奨していません。説明文は、作品についてより深く知ってもらうためのものです。不安材料になってしまう注意書きや謙遜で作品の価値を下げるのはもったいないです。

- ・ノークレームノーリターンでお願いします
- ・素人（作家歴1年目）なので……
- ・既製品のようなクオリティは求めないでください

信頼と親しみを与える「プロフィール」

お客様は作品を購入する前に作家さんのプロフィールなども見ていることが多いです。お客様にわかりやすいように、内容は要点を押さえて簡潔に、信頼と親しみを感じてもらえるような文章を心がけましょう。

Point 01 共感を呼ぶエピソードを書く

個人的なストーリーは共感を呼びます。作品づくりのきっかけなどを書いてみましょう。困っていることを解消したい！という気持ちや好きなデザインのこと、ブランドコンセプトなどのエピソードもぜひ書きましょう。

> **文例**
> 「愛猫とのお出かけが楽しくなるアイテムが欲しくて制作を開始しました」
> 「子育て中に市販のお洋服では不便だ…と感じていたことを解消する便利なお洋服のアイデアを形にしています」

Point 02 作品の価値や信頼を高めることを書く

活動履歴や技術の習得方法など作品の価値や信頼を高めることに繋がる情報を書きましょう。作品制作の初心者であることなどは、お客様を不安にさせるだけなので書く必要はありません。丁寧に作っている部分や、工夫していることでも大丈夫です。

> OK： 10年間、家具職人として働いた経験を活かし、木のオモチャの作成・販売を始めました。
> NG： 初心者作家ですので、あまり見栄えはよくありませんが……頑張って作ってます！

Point 03 SNSのアカウントを設定する

プロフィールには、Twitter、Instagram、FacebookなどのSNSを表示できます。利用中のSNSがあれば、ぜひ登録しましょう。作家さんが新作情報や制作の様子を発信することで、お客様がファンになりリピート購入してくれるチャンスが広がります。

\ 自分のことを言語化 / プロフィールページ

プロフィールページの書き方に悩むminne作家さんはとても多いです。ではプロフィールの例文を参考に、大切なポイントを確認しましょう。

奄美大島からリラックスウエアをお届けするブランド「yoori(ヨーリ)」です。
ネット販売を中心に活動しています。

奄美は『大島紬』という織物が有名です。
祖母が紬を織る仕事をしており幼いころから身近な存在として感じていましたが、大人になってからその独特なツヤと渋い色合いに益々惹かれるようになりました。
日常の着物として愛された大島紬を今の生活でも親しみたいという気持ちからリラックスウエアをデザイン・制作しています。
「yoori」とは、奄美地方の方言「よーりよーり(ゆっくりゆっくり、の意)」から名付けました。
リラックスしたお洋服でふっと力を抜くきっかけになれれば嬉しいです。
身幅や丈をカスタムオーダーできる作品もございます。ぜひお気軽にメッセージでお問合せください。
Instagramでは制作工程や奄美大島の日常を発信しています。

自己紹介
yoori デザイナーのヨウさんと呼ばれています。奄美大島生まれ。東京の服飾専門学校卒業後、アパレルメーカー5年勤務。その後奄美大島へUターンし、2015年からyooriをスタート。

Good
最初にブランド名を紹介することで、名前や、ブランド名の由来も覚えてもらえます

Good
作家さんが作品に込めた想いが伝わってきます

Good
お客様にSNSへの興味を持ってもらえる機会になっています

Good
自分がどういう人物なのかお客様に伝わります

071

まとめ

自分自身では当たり前なことほど、プロフィールに書き忘れてしまいがちです。3つのポイントに沿ってまずは箇条書きでリストアップすることから始めてみましょう。

04

価格に納得が生まれる作品説明のコツ

▶ **ここが Point**

❶「なぜこの価格なのか」お客様への説得材料を盛り込む
❷作品の説明文は長くても問題ありません

価格設定の理由が説明されていますか

p.68では、購買意欲をかき立てる作品の説明文を書くポイントを解説しました。もう1つ重要なのが、価格設定の説得材料を盛り込んでおくことです。デザインの工夫点や丁寧に時間をかけた制作工程、素材の価値などを伝えることで、「なぜこの価格帯なのか」をお客様に伝える必要があります。

「長い文章はお客様に嫌がられるのでは」と心配されますが、説明文に興味を持たない方が購入することはほぼありません。長くても、作品に興味を持った方は熱心に読んでくれます。実際、文章が短いより長い作品のほうが購入されやすい傾向にあります。情報量が足りないと、作品の魅力が伝わらず、お客様の購買意欲は高まりません。

Advice

**作品を見せずに
自己紹介する
気持ちで**

「実物を見せられれば作品の良さが伝わるのに」と消極的になるとNG。冷静に、言葉の力で作品やショップに興味を持ってもらえるような文章を考えてみましょう。

\ minne作家から学ぶ / 価格設定の納得感を生もう

文章と写真が合わさることで魅力的なページが出来上がります。自分のページと見比べて、どの情報が不足しているか確認しましょう。

この作品の説明文

 Frozen Drops さんの作品説明文

小さな春を感じて、どうしても作りたくなった『ミモザのピアス&イヤリング』

板材から、髪の毛のように細い糸のこの刃を使い切り出し、ミモザのフワフワ感を目指して試作を10個以上・・・。
時間も手間もかかる作業で、本気で春が終わっちゃうかと思いました(汗)

細かな線が入ってるため、鋳造(型を作って量産できます)は難しいのでひたすら手作業です。

つけてみたら、なんだか不思議なくらい楽しい♪
フワフワのミモザをイメージしたのが良かったのか、私が目指してる『気持ちが上がるアクセサリー』となりました!!

Good
制作作業に繊細な工程があることが伝わり、現状の価格に納得してもらいやすくなります

Good
ハンドメイド作品ならではの"作り手の想い"と"特別感"が伝わります

▶ 作品紹介には希少価値の説明も忘れずに書こう

パーツなども手づくりしている場合は、お客様はその希少性に気付かないことがあります。作品の特徴として「唯一無二のもの」だとわかるキーワードは必ず記載しましょう。また、作品説明やプロフィールなどで、信頼感に繋がる経歴も積極的に伝えていきましょう。

・オリジナルのイラストを布にプリントし、ポーチに仕立てました。

・編み物歴20年、編み物教室を始めて8年です。

・日本ではあまり見かけない、ヨーロッパのデッドストックのパーツをセレクトしています。

トラブル防止のひと工夫

色違いの作品は
色別にページを分ける

▶ **ここが Point**

> 同じデザインの作品で色展開をする際は、色ごとに作品ページを分けることで、お客様の注文ミスを減らすことができます

色違いの作品は注文ミスがあることも

「購入時に色が指定されていない」という経験はありませんか。色のバリエーションがある作品は、色ごとに分けて登録することをおすすめしています。なぜなら、まとめて登録するとお客様は「❶欲しい色の名前を写真や説明文で確認→❷購入オプションから該当の色を選択→❸カートに入れる」という手順を踏まなければならないからです。色別に分けて作品ページを用意しておけば、お客様は「見たままの作品をそのまま購入できる」ので、色の指定や確認の手間が減り、注文ミスを減らすことができます。

分ける？ まとめる？ どっちにする？

分ける

色に合わせて作品名を工夫すれば、説明文などは流用しても問題ありません
（写真：レモンソーダ）

まとめる

作品数が多く、同じデザインで色のバリエーションが多い場合は、まとめて掲載したほうがお客様にとっては選びやすいケースもあります
（写真：レモンソーダ）

06 販売作品以外でお客様にアピール

「展示のみ」を使って お客様に自分を知ってもらう

▶ ここが **Point**

> 「展示のみ」からオーダー注文や、お客様にショップ ページを見てもらうきっかけになる

登録する作品を全て「販売中」に する必要はありません

ネット販売に興味があっても、「いきなり販売するのは不安が大きくてハードルが高すぎる……！」と躊躇する初心者作家さんは非常に多いです。ショップに掲載する全ての作品が「販売中」ではなくても大丈夫です。minneでは価格や配送設定をせずに「展示のみ」という設定で作品を掲載することができます。過去にオーダーを受けた写真などを掲載しておけば、オーダーOKということがお客様に伝わり、問い合わせに繋がることもあります。まずは「展示のみ」で掲載し、写真の登録作業や説明文の入力作業にある程度慣れてから販売をスタートする、という方法もいいと思います。

▶「展示のみ」を上手に使いこなそう

たとえ販売していない作品でも「この作家さん、こんなものも作れるんだ！」という驚きや技術力を伝えることができます。眺めるだけでも楽しいものです（写真：läpi läpi）

「展示のみ」で掲載されている作品の例
・非売品の作品
・完売した作品
・これから販売を予定している作品
・過去にオーダーを受けて販売済みの作品

07

ココを気にするのは間違い

「お気に入り」の数に惑わされないで

▶ ここが**Point**

❶「お気に入りがつく＝必ず購入する」と考えない
❷フォローしてくれたお客様に新作を見てもらおう

「お気に入り」「フォロー」は活かし方が大切

minneには「フォロー」と「お気に入り」の機能があります。「お気に入り」とは、作品画像についている♥マークのことです。お客様によって、この機能の活用方法は様々です。「パッと見て好き！と思ったら気軽につける」「お気に入りで購入リストを作る」など人によって使い方が異なります。「お気に入りはつくのに売れない」とよく相談を受けますが、お客様は必ずしも「お気に入りをつけたら買う」というルールでつけていません。そのため、お気に入りがついた後、作品が売れなくてもおかしくはないのです。大切なのは、お気に入りがついたりフォローされたりした後、放置せずどう活かすかです。次のページではこれらの機能を活用する方法を見てみましょう。

Question

何人にページを
閲覧してもらえれば
売れるのか？

ネット販売では一般的に「100人が見て1人購入する」と言われています。焦らず、目標を見据えて、まずは、100人のうち1人の心を掴むことができるページづくりに時間をかけていきましょう。

売れてる作家はどうしてる？
お気に入り＆フォローの活用法

▶「お気に入り」は「素敵だな」と思ってもらえたということ

皆さんはSNSで「いいね」をつけるとき、「この投稿に共感できる」「写真が素敵」とプラスの気持ちでつけていると思います。お気に入りをつけることもそれと同じです。お気に入り＝売上数と考えないようにしましょう。100個お気に入りがついても、売れない場合は情報が足りていない可能性があります。一度、作品ページを見直してみましょう。

ページ：レモンソーダ

▶「フォロー」機能で新作通知をファンに届けよう

minneには作家さんを「フォロー」できる機能があります。フォローされると、下記のようにフォロワーに新作を見つけてもらいやすくなります。❷❸の通知は24時間に1回配信される仕組みです。お客様に配信される機会を増やすため、新作の登録は1日1回にしましょう。

ページ：レモンソーダ

❶ ホームに新作が掲載
お客様のminneのホーム画面に、フォローしている作家の新着が一覧で表示されます

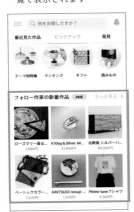

❷ アプリのプッシュ通知が届く
1日に1回、24時間以内に登録された新作がある場合に、アプリにプッシュ通知が届きます

❸ メールで新作のお知らせが届く
1日に1回、24時間以内に登録された新作がある場合に、メールでお知らせが届きます

注意 ❷と❸に関しては、お客様が通知を受け取る設定を行っている場合にのみ通知されます

08

地道な改善こそ差がつくポイント

ショップは日々の
お手入れが大切です

▶ ここが **Point**

> ショップはこまめに更新して、
> お客様が買い物しやすくなるよう見直しましょう

作品登録後、ショップページを
放置していませんか?

作品ページは一度作って放置しておけば、勝手にお客様が来てくれるわけではありません。実はminneの特集に掲載されたとき、売上を一気に伸ばす作家さんと、そうではない作家さんがいます。作品のターゲット層の違いもあるので一概には言えませんが、売上を伸ばす作家さんは、お客様が買い物しやすいページづくりを日々試行錯誤し、注目度が高まったときに機会損失の少ないページになっていることが影響しています。

アクセス数が増えるのに購入に繋がらない作品は、情報量が不足していたり、注意書きが多くてわかりづらかったりするケースがあります。まずは1日5分だけでも、自分のショップを観察する時間を作るのもおすすめです。

Advice

**毎日新作を
登録する必要は
ありません**

前のページで「新作は1日1回登録すると有利」と説明しましたが、これは新作を出さないと売れない、という意味ではありません。あくまでも新作がある場合の登録の頻度の話ですので、誤解のないようにしてください。

ショップの見直しポイント

日々ページをお手入れして、「お客様が使いにくい点はないか？」ということに気を配られたショップは、不思議とお買い物しやすい空間が完成されていきます。下記のポイントを参考に、週1回ぐらい見直しをしましょう。

point 01 ショップ内の作品の並べ替え

今一番売りたい作品を先頭付近に表示しましょう。人気商品や新作、季節限定のアイテムなどを先頭にしたり、作品の解説などを「展示のみ」で掲載してもOK。minneのアプリ版、ブラウザ版共に作品の表示順を並べ替える機能があります。

ページ：3377S

point 02 作品写真の見直し

平置き写真か、着用画像か、どちらを1枚目の写真に選んだほうがお客様に目を留めてもらえるか試してみましょう。必ずどちらかに統一する必要はなく、平置きと着用画像が混在してOKです。納得いかない写真は何度でも撮り直しましょう。

どちらがお客様の心に \ 刺さるかチェック！ /

写真：aimoko

point 03 お知らせコメントの更新

「今こんな作品が人気です」「次回新作は●月頃です」など、旬の情報を掲載してみるだけでも、ショップをこまめに更新していることがお客様に伝わります。

\ 例えば /

- ・イベントの告知
- ・新作の発表
- ・人気作品の案内

09

イベントだったら売れるのに……

「ネットだと売れない」は情報量の不足が原因

▶ **ここが Point**

> 実物を見せなくても魅力が説明できる写真と
> 文章を用意しよう

ネットで売れない理由は情報量の不足！

イベント出展や委託販売中心の販売活動からネット販売に活動範囲を広げた作家さんが、ここ数年で非常に増えました。「イベントでは売れるけどネットでは売れない」という状況になったとき、その理由のほとんどが情報量不足です。普段は作品を実物で見てもらったり、お客様と交流して伝えている情報が、ショップページに反映されていなければ、お客様に作品の魅力は伝わりません。また、「実物を見てもらえば良さが伝わる」という考えは、一方で読解力を全てお客様にゆだねている状況でもあります。右のページを参考にして、作品に対して注目してほしいポイントは、作家さん自身の言葉で伝えるようにしましょう。

Advice

**作品紹介を
声に出して
具体的に
言ってみて**

作品が手元にある状態で、作品の紹介をお願いすると、「私はコレを作っています」と実物に頼りがちです。ネット販売では、言葉と写真で総合的に情報を伝える力が必要です。そうすれば、自然とイベント・ネット販売共通して情報量が増え、売上増にも繋がります。

ココの情報量、不足していませんか？

イベント出展中心の作家さんが見落としがちな3つのポイントを紹介します。自分のショップページと見比べながら確認してみてくださいね。

point 01　作品の情報を写真で伝える

「実物を見てもらえたら売れるのに……」と考えていては前に進みません。写真で作品の魅力が伝わるようにしましょう。まずは、「5枚の写真を用意する」「自然光で撮影する」ところから始めてみてください。どんな写真を撮ればいいか迷ったときは、イベント会場でお客様に「かわいい！」と喜ばれたポイントが伝わるような写真を用意したり、質問されたことを写真で補っていく気持ちで取り組んでみてください。

point 02　作品の特徴を文章で言語化する

イベント会場でブースに来たお客様に、作品をどのように紹介していたか振り返ってみましょう。その情報、ショップページに反映されていますか？ 自分では当たり前にわかっていることにこそ価値がある、ということを見落としがちなので、当たり前のことでもきちんと「文字情報で伝える」という意識を持ちましょう。

＼ どう紹介してた？ ／

- 「50年前のフランスのヴィンテージビーズで、今では手に入りにくいんですよ」
- 「ロングヘアのお客様には長さがあるタイプのイヤリングはとてもおすすめです」

point 03　インターネットで自己紹介をしてみよう

あなたはどうしてブランドを運営しているのか、自己紹介できていますか？自分が興味がある分野やものづくりを始めたきっかけなどをはじめ、数字で表せる実績やお客様目線での評価も書き加えると説得力が増し、信頼に繋がります。自分のことを、しっかりショップページやプロフィールに掲載しましょう。

便りがないのはよい知らせ

お客様のほとんどは「サイレントユーザー」

声を届けてくれるお客様はごく一部

minneのレビューやSNSを通して、お客様から喜びの反応をもらえると、制作のモチベーションアップに繋がりますよね。とはいえ、購入者のほとんどは、作品に満足しているけれど特に言葉を発しない「サイレントユーザー」です。

どんなに丁寧に説明しても、トラブルを完全には防げない

どんなにいい作品を売って丁寧に説明を繰り返しても、全員に同じように情報を伝えることは残念ながらできません。最高のサービスを提供している作家さんでも、1割は誤解が生まれます。しかし、その1割の意見だけに引きずられるのではなく、9割のファンがいることを忘れずに活動していきましょう。

▶ サイレントユーザーとは

作品が届いてとても満足	>	しかし、レビューなどは書き込まない

悪気があるのではなく、満足しているお客様は声を上げることが少ないのです。しかし、作家さんは満足してくれたのか実態が掴めず不安になってしまう。ここにクレームが1つ入ると、ネガティブゾーンに陥りがちです。便りがないのはよい知らせと思いましょう。

CHAPTER

05

Photo

スマホでも撮れる!
作品の印象が激変する、
作品写真の撮影テク

01

「売れる」を目指すには写真が命！

お客様が作品を買う
きっかけは写真です

▶ **ここが Point**

> 写真撮影はいきなり上級を目指さない。まずはシンプル
> な写真を極めて、ステップアップしていきましょう

プロ級の写真を撮ることが目標では
ありません

ここでは、高等な撮影技術の紹介ではなく、作品の魅力
が伝わる写真を撮るためのステップアップ方法を紹介し
ます。写真に魅力がなければお客様の「目に留まる＝印
象に残る」ことに繋がりません。minneの特集ページに
掲載されている写真は、ほぼ作家・ブランドの皆さんが
自分で撮影した写真です。こう聞くと、写真がいかに重
要かということがわかるはずです。例えば下の写真は見
るだけで、作品に込められたストーリーがなんとなく想
像できます。実は、このストーリーが浮かぶということ
が印象に残る写真づくりで重要です。ただ、おしゃれな
小物を使って撮影するだけでは、右ページの上の例のよ
うになります。

＼ 見るだけで情景が思い浮かぶ ／

バッグハンガーがあれば、外出先で荷物置き場
に迷うことなく便利。しかも、会話が弾みそう
な猫ちゃんのデザインという風に、作品の用途
が想像できませんか？ このストーリーを伝え
ることが撮影をする上で重要です。

写真：nine-D

作品が魅力的に見えるのはどっち？

minne作家さんのつまみ細工を使って2枚の写真を撮影しました。

Before

Check 1
とりあえず家にあった
小物を合わせているせ
いで、作品を引き立て
ていない

Check 2
作品とほぼ同じ存在感
のある植物に気を取ら
れて、作品に視線を集
中できない

Check 3
電気をつけて撮影して
おり作品の絵柄が影に
なってよく見えない

▼

After

Check 1
作品の絵柄がしっかり
見え、適度な光の反射
で艶やかな質感も伝わ
ってくる

Check 2
作品以外の小物をなく
したことで、全体的
にスッキリまとまり、
「作品を見せたい」と
写真の意図がわかる

Check 3
背景の色が作品の雰囲
気を引き立てている

Photo

085

まとめ

写真は小物を使っておしゃれに撮影しようと
頑張る方が多く、上記のAfter写真のように装
飾を減らした写真は、物足りなく感じるかも
しれません。しかし、このようなシンプルな
構図でも「作品の魅力」は十分に伝えられま
す。これから、順を追って解説していきます。

02

センスがないから無理なんてことはありません

作品の魅力が伝わる
写真とは

▶ ここが **Point**

> 写真を上手に撮るには練習あるのみ。
> まずは毎日10枚撮影してみて

写真はセンスが必要と思っていませんか

撮影が苦手な方には「1,000枚撮れば上達する」とお話しています。毎日10枚ほどの撮影練習を3ヵ月続けたら、同一人物が撮ったとは思えないくらい魅力的な写真を撮影できるようになった方が何人もいます。実は、右ページでご紹介するBefore-Afterの事例は、どちらも同じ作家さんが撮影したものです。「物撮り」は、ネットで販売活動を始めて、人生で初めて取り組む方がほとんどではないでしょうか。旅行やレジャーで撮影するスナップ写真にはなじみがあっても、物撮りの経験がない以上、思うように撮影できなくて当然です。まずは練習あるのみです！

Advice

夜に照明の光で撮影するのは難しい

「自然光ではなく照明を使って撮影したい」と相談されますが、おすすめしません。照明を使った撮影は、自然光と同じ光の当たり方を人工的に再現する必要があるので、非常に難易度が高いです。

日々の練習でこんなに変わる

写真：通園通学バッグの店〈まいにち布や〉

Before

Check 1
ひと目で造花とわかる
小物が不自然な場所に
ある

Check 3
壁と床に同じクロスが
使用されており、リア
リティがない

Check 2
照明や背景色の影響で
違う色合いに見える

Check 4
全体的に写真が暗い

▼

Check 1
ラグの上にポン！と放
り出されたバッグとラン
ドセルの組み合わせ
がとてもリアル

Check 2
明るいお部屋で作品の
色も自然に撮影できて
いる

Check 3
バッグのマチの厚みも
伝わりやすく使いやす
そう

After

まとめ

「何をどう撮ればいいかわからない」という
状態なら、これから紹介する「初級・中級・
上級」のステップを踏んでいきましょう。撮
影はテクニックを磨くだけではなく、作品と
向き合う時間を作り、作品の魅力を客観視す
ることにも繋がります。

03

いきなり世界観のある写真を目指さない

写真上達の
ステップを理解しよう

▶ ここが **Point**

> ❶ 一眼カメラを購入しなくても、魅力的な写真は撮れる
> ❷ 白背景・色背景・世界観の順でステップアップして、
> 作品の魅力を伝えよう

私もカメラは苦手です

私はもともと一眼カメラの機能や扱いに詳しいわけでは
ありません。そんな撮影素人の私も、日々撮影を練習し、
作家さんのステップアップの過程を間近に見てきました。
ここでは一眼カメラがなくてもスマホでできる写真上達
のための3つのステップを紹介します。撮影が苦手な方
は初級編の白い背景写真のみで撮影しても問題ありませ
ん。こう言うと「白い背景が売れるんですか？」と聞か
れますが、作品に合っていれば背景は何色でも売れます。
白い背景の写真はシンプルで、「どこを直せばよくなる
か」がわかりやすいので、初心者さんもやりやすいので
す。さらにステップアップを目指したい方は、右の順で
取り組むのがおすすめです。

Advice

**上級編の写真
のほうが売れる
わけではない**

「世界観のある写真だと売れて、白い背景だ
と売れない」ということはありません。「作
品の魅力を伝える」が一番重要です。そして、
背景が作品の邪魔をしてはいけません。何が
重要なのか、しっかり目を養いましょう。

初級 [白い背景を極める]

白い背景のメリットは「作品と背景のミスマッチが少ない」という点と、明るさが不十分な場合は背景がグレーに見えるため「明るく撮れたかどうかの判断がつきやすい」という点です。白い背景を極めると、画面全体の明るさを均一に撮影する力が身につきます。

中級 [作品が活きる背景を選ぶ]

自分の思い通りの明るさで撮影できるようになったら、次は「作品を引き立てる色合いの背景は何か？」について研究してみましょう。右の写真はお花の色より少し淡い色を背景に選んで柔らかい印象になりました。ただ背景色を入れて雰囲気を形作るのではなく、作品の特徴を活かす背景選びが重要です。

上級 [写真に世界観を作る]

「写真からブランドのストーリーやイメージを伝えたい！」と考えるようになったら、作品に合ったコーディネートを考えてみましょう。右の写真は、「イヤリングにカードを添えて親友に贈る準備中」という架空のストーリーを作りました。

詳しい撮影方法は次のページで

Photo

089

04

スマホでも高品質な写真を撮るには

撮影グッズでプロの
カメラマンになりきって

▶ ここが **Point**

❶ 撮影グッズは100円ショップで簡単に揃う
❷ レフ板を使って空間を明るく保ちましょう

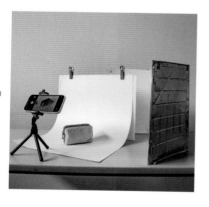

▶ 撮影グッズの紹介

基本の「白い背景」で撮影を行う際に便利なグッズをご紹介します。すべて100円ショップで購入しました。

天ぷらガード／片面にコピー用紙を貼り、レフ板として使用。銀色の面と両方使用でき便利。段ボールにコピー用紙やアルミホイルを貼ったものでも可
画用紙／背景紙として使用
鉄製ブックエンド／背面の土台として使用
プラ段ボール／背面の土台として使用。折れ曲がらないものなら何でもOK
マグネットシート／プラ段ボールとブックエンドを固定するために使用
三脚（※）　　　　　　　　　（※）の道具は、あると便利です

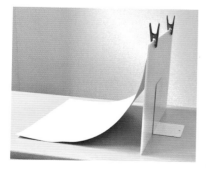

▶ セッティングのポイント

Step 1　土台を作る
プラ段ボールの裏面にマグネットシートを貼りつけ、ブックエンドに固定します。

Step 2　背景を作る
画用紙を斜めにたわませてプラ段ボールにセットすることで、壁と床に境界線がない無機質な空間で撮影することができます。作品の大きさに合わせた画用紙を用意しましょう。

Advice　**三脚を使って撮影**
作品とカメラの距離を一定に保ちやすいため、たくさんの写真を撮影した際に統一感が出ます。

仕上がりの差は歴然! レフ板を使おう

▶ レフ板は白か銀色で

白いレフ板は❶のように、反射が柔らかく、明るく優しい雰囲気の写真が撮れます。銀色のレフ板は❷のように、反射が強く、より明るい写真が撮れます。

❶白いレフ板　　❷銀色のレフ板

▶ レフ板を使いこなす

レフ板は光を反対側から反射させて、被写体のある空間全体を明るくするために使用します。レフ板の置き方で明るさが変わるので、色々試して撮影してください。

光

レフ板は作品撮影に役立つ

レフ板は光を反射させて作品とその空間を明るくする効果があります。明るく美しい物撮りにはマストアイテムです。レフ板を置く位置によって明るさや作品の見え方が変わるので、作品がより綺麗に見える位置や角度を探してみましょう。作品の雰囲気によっては、レフ板を使わずにあえて影を濃く表現する場合もありますが、その前にレフ板がどのような効果を出せるのか、光と影の関係性を理解する上でも、ぜひ使いこなせるようになりましょう。

05

ココを押さえるだけで撮る写真の質がアップ！

最低限「明るさ」「ピント」「立体感」の３つをマスター

▶ **ここが Point**

> ❶ 自然光で明るく写真を撮影する
> ❷ ピントを綺麗に合わせる
> ❸ 作品を立体的に写す

まずこの３つを押さえてください

撮影のグッズを揃えただけでは、魅力的な写真は撮影できません。撮影時、室内の電気で何気なく撮影していませんか。それだと影が出たり、暗く写ったり、作品の魅力が伝わりません。電気を消して、窓から入る自然光だけで撮影すると下記の右の写真のように作品の色合いや模様を美しく表現できます。ここではまず、魅力的な作品の写真を撮影するための基本的な撮影テクニックを３つ紹介していきます。この３つを意識するだけでも写真は変わります。

＼ 写真を自然光で撮影するだけでこんなに違う ／

電気をつけて撮影
電気をつけて室内で何気なく撮影、影ができ全体的に暗い

自然光のみで撮影
電気を消し、自然光だけで撮影。適度な影ができ立体感が生まれる

Step1　作品を美しくする、光のマジック

01　色々な光の向きを試す

作品の見え方は、作品に当たる光の向きによって随分変わります。作品の雰囲気に合った光の向きを考えてみましょう。撮影に慣れるまでは、明るくて立体感がある写真が撮りやすい「斜光」がおすすめです。

光の向きだけで
作品の見え方が
＼こんなに違う／

順光

サイド光

斜光

02　明るく撮影できる場所を探す

室内の電気を消して自然光のみで撮影することは、撮影の基本です。まずは白い背景で撮影をしてみて、適正な明るさで撮る練習をしましょう。複数方向に窓がある場合や天窓がある場合は、光が入る窓は1つに絞りましょう。カーテンなどで光を遮ればOK。

まずは明るく撮影する

一番最初にクリアしたい課題は「明るい写真を撮ること」です。自分の撮影した写真がなんとなく「暗いかな？」と思ったら、その直感はほぼ当たっています。撮影環境はよいのに撮影時の自分の立ち位置が悪く、光を遮ってしまって失敗することもあります。光が差してくる方向に自分が立つと、影になってしまいます。体で光を遮らず、撮影しましょう。

Step 2　ピントを合わせて撮影する

△ Bad　ピントが合わず、作品の絵柄がぼけている

iPhoneで自動的にピントを合わせて撮影。背景の観葉植物にピントが合い、肝心の作品がぼけてしまっています

ぼけてる……

○ Good　ピントが合い、作品の輪郭が綺麗に写る

撮影前に、画面上の猫の絵柄部分をタップしてピントを合わせてから撮影。絵柄の輪郭線がくっきりと写っています

絵柄が綺麗!

ピントの合わせ方

iPhoneなどのスマートフォンのカメラは、画面をタップした場所にピントが合います。タップしない場合はカメラが自動的にピントを合わせてくれますが、上記の悪い例のように、必ず作品に綺麗にピントが合うとは限りません。「画面をタップして作品にピントを合わせ→シャッターを押す」という動作を習慣づけましょう。

撮影前に必ず画面をタップ!!

Step3　角度をつけて立体感を出す

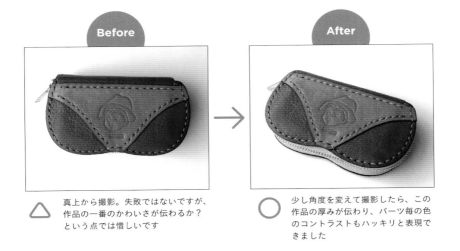

Before

真上から撮影。失敗ではないですが、
作品の一番のかわいさが伝わるか？
という点では惜しいです

After

少し角度を変えて撮影したら、この
作品の厚みが伝わり、パーツ毎の色
のコントラストもハッキリと表現で
きました

> **明るすぎて立体感がなくならないようにしよう**
> 「明るく撮ること」を意識しすぎて、全く影がない写真になることがあり
> ます。この原因は、アプリで加工しすぎたか、撮影している部屋に窓が複
> 数ある場合が多いです。影がなくなると、立体感が乏しくノッペリとした
> 写真になってしまうので注意しましょう。適度な影は必要です。

立体感を出し、形を伝える

コップやシンプルな形のアクセサリーは角度を意識しな
くても形を把握しやすいです。しかしツタやドライフラ
ワーで作られたリース、立体造形作品などは、立体感の
表現が足りないとお客様にとっては「これは何だろう？」
というマイナスのイメージに繋がります。少し角度をつ
けて撮影するだけで立体感が出ます。なお、ポストカー
ドなどの平面作品を額装などせず単体で撮影する場合は、
立体感のことは考慮しなくて大丈夫です。

明るさを調整して
陰影を出して
雰囲気を作る

角度を変えて
撮影し
立体感を出す

作品：峰村 ゆか（上）・pu・pu・pu（下）

基礎を押さえるだけでこんなに変わる

「明るさ」「ピント」「立体感」の3つをマスターすれば、それだけでも十分魅力的な作品撮影が可能になります。上の写真は3つの基本を意識し、白い背景で撮影した写真です。特別な機材、一眼カメラがなくても、まずはシワのない白い画用紙やPVC素材の背景シートを用意するところから始めてみましょう。

\ ここも押さえて！/ 撮影するときの注意点

△ NG　カメラを傾けて撮影

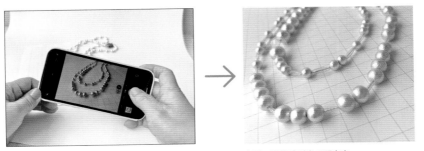

カメラを傾けて撮ると……

空間に違和感が出て不安定

◯ Good　カメラを水平に持つ

両手でしっかり持ち、まっすぐ構えると……

空間が安定し、奥行きも出る

カメラを傾けないで撮影する

せっかく綺麗にセッティングしたのに、カメラを傾けて撮ると床面が歪んで見えてしまうため、不安定な印象の写真になってしまいます。カメラは傾けずに、まっすぐに持って撮影しましょう。斜めに撮影したい場合は作品の角度や自分の立ち位置を変えましょう。画面が傾かないように、「グリッド線」を設定すると便利です。

【iPhoneの場合：設定→カメラ→グリッドをオンに】

06 まずは白い背景で シンプルにしよう

▶ **ここが Point**

> 白い背景は作品とのミスマッチが少なく、明るさのミスに気が付きやすいので、初心者さんに向いています

白い背景はどんな作品にも合いやすい

白い背景で撮影するメリットとして、作品と背景のミスマッチが少ないことが挙げられます。作品の形状や色が正しく伝わる写真が撮りやすいので、撮影が苦手な方は、白い背景での練習がおすすめです。また、白い背景で撮影した際、明るさが不十分だと背景がグレーっぽく写り、全体的に暗い印象の写真になります。そのため、明るく撮影できたかどうかの判断がつきやすいです。また、練習により上達したかどうかも実感しやすいでしょう。白以外の背景では、影が背景にある程度馴染むので、全体が薄暗く写っていることに気が付きにくくなります。

＼ ここが素敵！ 白い背景の魅力 ／

表面のなだらかなカーブに光を当てることで、グラデーションになり、とても上品です。（写真：MASUDA）

シルバーの質感を活かすバキッとした光がシャープな形を引き立てています。（写真：fuzuri gallery）

こんなとき、どうすればいいの？

▶ 作品のサイズが大きい

p.90で紹介した撮影グッズで撮影できる作品の大きさには限界があります。大きな作品撮影の場合は、その分大きな背景シートと場所の用意が必要です。とはいえ、作品が大きい場合も基本的な考え方は同じです。「背景スタンド」や「センチュリースタンド」と呼ばれる機材などを使うととても便利です。

▶ 作品の色が白い

白い色合いの作品を白い背景で撮影すると、背景と作品が馴染んで見えてしまい、物足りなく感じるケースがあります。その場合は無理に白い背景にこだわる必要はありません。白い背景は「明るい写真を撮る練習」と割り切って、販売ページに掲載する写真は色つきの背景で撮影する、など臨機応変に考えていきましょう。右の写真のような、シワになりにくいPVCシートの購入もおすすめです。

作品：leap

まとめ

上でも述べたように、無理に白い背景でなくてもOKです。それでも撮影に行き詰まった場合は、「どんな写真を撮りたいか」「どんなイメージをお客様に伝えたいか」という点をしっかり考えておくことが大切です。

撮影テクニック初級編2

自然光を使った明るい写真を習得する

▶ ここが **Point**

❶ 自然光は作品本来の色味を引き立ててくれる
❷ 明るい写真を撮影するなら、
　日が高くなる前の午前中に撮影しましょう

明るい写真を撮るには「自然光」「午前中」の撮影が鉄則

どんなにカメラアプリが発達しても、電気をつけて夜間に撮影した写真を加工して、「自然光で撮影した陰影の美しい写真」を再現することはまだまだ難しいです。
どうしても夜しかゆっくり撮影できない……という方、どうか頑張って、月に1日だけでも早起きして撮影時間を1時間だけでも確保してみてください。それだけで、見違えるほど綺麗な写真が撮れるはずです。午後になると光が黄色味を帯びてきて作品本来の色味で写しにくいので、日が高くなる前の午前8時〜11時が、光も柔らかくて撮影におすすめです。

Advice

直射日光の撮影は、最初は避けましょう

直射日光での撮影は、影がくっきりと出る写真に仕上がります。この撮影方法は難易度が高く、最初の練習ではおすすめしません。直射日光が差す時間帯に撮影する場合は、カーテンなどを使い、光を柔らかくしましょう。

\ 撮影の注意点 / 写真の「四隅の色」に注意して

綺麗に撮影しても、周囲の家具や小物の影が写り込むなどして、四隅に影が写っている残念なケースがあります。

Bad

周囲に置いてある物の影が写り込んでしまっています。狭いスペースで無理やり撮影した場合にありがちな失敗例です

▶

Good

撮影スペースを広く確保して撮影すれば、同じ構図の写真でも全く印象が変わります。写真の四隅が暗くならずスッキリとした写真に仕上がりました

作品：峰村 ゆか

重要

作品によって最適な光の強さは違う

「晴天の日じゃないと撮影できない！」というわけではありません。最初はとにかく色んな天候・時間帯で写真を撮り比べてみましょう。レザーアイテム、布小物、ニット類は、晴天よりも曇り空のほうが雰囲気がよく色合いも実物に近いイメージで撮影できるケースが多いです。透明感のあるクリスタル素材のビジューやレジン作品、天然石などはできるだけ天気のよい日に撮影すると、パーツや素材の質感が引き立ちおすすめです。

色んな角度で撮影して、ベストショットを5枚選ぶ

▶ ここが **Point**

> minneに登録できる写真は25枚。すべて埋めるのは大変なので、まずは5枚掲載することを目指しましょう

もしかして、写真は正面からのみ撮影していませんか

minneでは、1作品につき25枚まで写真を掲載することができます。作品写真を見て「かわいい！欲しい！」といった興味を持ってもらうことはもちろんですが、お客様に安心して買い物を楽しんでもらえるよう、作品の全体像を複数の写真で伝える必要があります。様々な角度でたくさん物撮りをすると、どれを1枚目に掲載すればよいか迷う方も多いです。この悩みに対して、お決まりの回答はありません。作品や撮影した写真の出来栄えで答えは違ってきます。まずは、自分で「この写真が一番素敵に撮れた！」と思う写真を1枚目の写真として設定してみましょう。右ページでは自分の目的に応じた写真の選び方の一例を紹介します。

Advice

色違いがある場合は集合写真を用意して

同じデザインのシリーズや色違いの作品がある場合は、集合写真も掲載しましょう。色違いがあることのアピールにもなり、興味を持ってくれれば、あなたのショップでの滞在時間が長くなり、ブランドを覚えてもらうきっかけに繋がります。

まずは写真5枚で掲載してみよう！

作品：memero

いきなり25枚も撮影するのは大変なので、まずは5枚の写真を掲載してみ
ましょう。大切なのは枚数でなく「何を伝えたいのか」です。

1枚目

1枚目の写真は、作品検索時の
一覧やショップの一覧に表示さ
れます。5枚の中で、最も重要
な写真です。あなたが思うベス
トショットを選びましょう

2枚目

1枚目の写真で興味を持った方
に、次にどんな写真を見てほし
いか、考えてみましょう。ここ
では、「コロン！」とした雰囲気
と艶感を伝える写真にしました

3枚目

手描きの絵柄と縁取り部分の滲
んだようなペイントをよく見て
もらえるように、あえて片方だ
けを大きく写しました

4枚目

大きさと、イヤリングの金具タ
イプがわかるように手を添えて。
シリコンバッドがついていると
ころをしっかり写しました

5枚目

裏側の造形も写します。表と同
じく滲んだようなペイントが美
しいです

悩んだら

お客様に質問されそうな
内容を想像してみましょう。
例えば……

・模様をよく見たい
・どんな服装に合う？
・ラッピングできますか？

まとめ

全体的に、作品のサイズ感、こだわった部分
が伝わるよう5枚の写真にまとめました。も
し撮影で悩んだら、自分が思う作品の魅力を
書き出し、撮影してみましょう。

Photo

103

5枚の写真の選び方をminne作家さんの作品写真を参考にしてみましょう。
きっとあなたの写真選びのヒントになるはず。

 ギャラリーしろくま 作品名：しあわせあつめ・とり インテリアポスター

❶作品全体像。インテリアを含めて撮影することで雰囲気が伝わり〇。作品が小さく写っても大丈夫です
❷作品単体の写真。①と②は掲載順は逆でも可。反応のよい方を1枚目にしましょう
❸額縁の色を変えたバージョン
❹他の作品と組み合わせたディスプレイ例
❺絵柄の細部のアップ。質感が伝わります

 フラワーインテリア OLD-FANTASY 作品名：ビオラ パープル＆ホワイト シンプルガラスボトル

❶作品全体像。十分な余白部分でお部屋の雰囲気も伝わってきます
❷手に持つことで大きさが伝わります
❸お花の細部。適度な影により立体感があり美しいです
❹1本だけ手に持つことでより大きさや繊細さが伝わります
❺別の場所で撮影することで飾る場所の想像力を喚起させます

窯元ロングアイランド 作品名：お手頃サイズなマルチボウル（ホワイト）

① 1枚目はメインカラーと色違いの差をつけた写真。作品の世界観が伝わります

② 手を添えることで大きさが明確に

③ サラダを盛り付けて利用シーンを再現。器は盛り付ける食材によって雰囲気が変わる点も
アピールポイント

④ カラーバリエーションを一覧で見やすく

⑤ 梱包の様子があることで「割れ物」の不安感の軽減に。他にも制作工程の写真やラッピン
グ写真など、安心感に繋がる情報はぜひ掲載を

＼ こんな撮影方法もあります ／

着用写真はあえて顔を隠す

着用写真は顎が少し入るくらいで
トリミングするとバランスのよい
写真になります。インテリアの色
合いが統一されていて作品に視線
を集中できる点も〇（写真：HAM-
NICO）

サイズ感を伝える

手が添えられていることで作品の
大きさが伝わりやすくなります
（写真：atelierMee）

紐をすべて見せない

ショルダーバッグなど紐が長い作
品の場合、あえて紐は一部のみ写
すことでデザインにフォーカスし
た撮影ができます（写真：Tokkuri
Craft）

\ minne作家から学ぶ / 5枚以上の写真を登録する

基本となる5枚の写真の用意に慣れたら、徐々に写真を増やしていきましょう。ただ写真をたくさん登録するのでなく、お客様の疑問を1つずつ解消する気持ちで考えましょう。ここでは大きく3つの軸で解説します。

Point 01 利便性を伝える

2 wayで使用できる作品の場合、全パターンの写真を用意できていますか？ また、「ここにポケットがあるから便利！」といった機能性を伝えるためには、実際に中身を詰めた写真を用意。「撮影が面倒だな……」と感じる写真かもしれませんが、お客様がとっても知りたい情報です。　（写真：hareiro）

Point 02 ファッション性を伝える

アクセサリー、洋服、帽子など作品イメージに合わせたモデルを起用し着用画像を用意できればベストですが、最初はハードルが高いと思います。ハンガーに吊るす、トルソーを使う、平置きで撮影するなど、実際に使用する際の「作品＋コーディネート」の見せ方を考えてみましょう。　（写真：PETAL*）

Point 03 存在感を伝える

インテリア用品、アート作品などは「自分の空間に置いたらどう見えるか」をお客様に想像していただくことが大切です。「朝日があたると美しい」「夜の間接照明との組み合わせが素敵」など時間を切り取った写真も有効です。作品単体の写真と併せて「作品＋コーディネートアイテム」の写真にもチャレンジしましょう。（写真：APCHI）

▶ 10枚程度で利便性を伝える例

カバン作家のPUPU LAUKKUさんを例に、写真の情報量
について考えてみましょう。

合わせる服の色を変える、色違いの作品を見せる、屋外
撮影で違った雰囲気を見せる、荷物を詰めた状態を見せ
る、バッグの底もしっかり見せる、など工夫が満載です。

ずっと同じ写真を掲載しない

シーズンによってコーディネートするお洋服を変
えたり、写真の見直しを時々は行ってみてくださ
い。季節や時期に合わせて、お客様と作品のマッ
チングを叶えてくれる写真を用意できればベスト
です。

09

作品の雰囲気を背景の色や素材で強調

▶ **ここが Point**

> 背景の素材別の特徴を理解して、自分の作品に合う色、材質を見つけましょう

次は背景に色や素材を入れてみましょう

白い背景での撮影方法がマスターできたら、自分の作品の雰囲気をより的確に伝えるためには、どんな色合い・素材の背景がマッチするか、研究してみましょう。最初に着手しやすい背景は、色画用紙や木の板です。「白い背景で白系の作品をうまく撮影できない」場合、色味の主張が少ないグレーの背景だと作品の色合いに影響が出にくく、おすすめです。背景の色・素材によって、写真の印象が大きく変わります。色々な背景を試してみてください。

▶ **背景の色や素材を選んで撮影すると……**

落ち着いた雰囲気に

色数の多い作品の場合にグレーの背景はとても重宝します。コンクリートやザラッとした紙など、お気に入りの質感を探してみましょう（写真：honok-store）

世界観を演出できる

木のテーブルを背景にして撮影。モチーフに光がしっかり当たっているので、金属の質感がバリッと出ています（写真：真鍮工房Rama）

Photo

109

＼ 図で解説 ／ 背景の素材の特徴

▶ 背景素材で変わる写真の印象

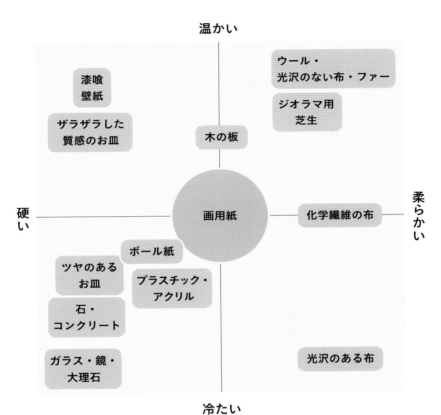

温かい

ウール・
光沢のない布・ファー

ジオラマ用
芝生

漆喰
壁紙

ザラザラした
質感のお皿

木の板

画用紙

化学繊維の布

硬い

柔らかい

ボール紙

ツヤのある
お皿

プラスチック・
アクリル

石・
コンクリート

ガラス・鏡・
大理石

光沢のある布

冷たい

まとめ

上記の図は、「温かさ、冷たさ」と「柔らかさ、硬さ」を軸に比較した素材別の印象です。ただし、素材の色合いによっても受ける印象が異なります。例えば木の板の背景を使用して冷たい印象で撮影することも可能です。この図はあくまで一例ですが、どんな素材を選べばよいか迷ったときの参考にしてみてください。

⑩ 作品にピッタリの 背景色を選ぶコツ

▶ ここが **Point**

> 同じ作品でも背景の色を変えるだけで、雰囲気は大きく
> 変わります

背景の色は何色を選べばよいか

背景色の選び方は、作品によって合う合わないが全く異なります。「その作品が一番魅力的に見える色」を見つけることができればベストですが、色画用紙を100色揃えるわけにもいきません。また「赤と青どっちが売れるか?」と、販売前から考えても答えは出ませんので、違う考え方で解決しましょう。「この写真を見た方に、どんな雰囲気を感じてほしいか? どんな気持ちになってほしいか?」という視点から、背景色を絞り込んでみましょう。

まずは右ページのように同じ作品で、その写真のテーマを考え、複数の背景色で撮り比べてみてください。そこから「これだ!」と思う色を見つけましょう。

Advice

色選びは配色の本を参考にしてもOK

背景の色は、作品を際立たせる色を選ばなければなりません。作品より背景が勝ってしまったら、作品の魅力が半減します。色を選ぶのに悩んだら配色の本などを参考にするのもいいかもしれません。

色を変えて撮影してみる

5つのテーマで5色の背景を選び撮影しました。色を変えるだけで作品の雰囲気は大きく変わります。

白（テーマ：繊細）

スッキリとしたさわやかな印象

赤紫（テーマ：日本）

和の雰囲気を強調する

水色（テーマ：元気）

ポップな色合いで若々しさがでる

青（テーマ：ミステリアス）

知的で落ち着いた雰囲気

黒（テーマ：大人）

モチーフの輪郭線を強調し、強いイメージ

まとめ

作品に似合う色を考えてみる

いずれの写真も、どれが特別によい、悪い、といったことはありません。撮影練習の際に、私はよく女優さんをイメージして練習していました。具体的なお名前は控えますが、例えば「20〜30代の女優さん」とテーマを決めて、あの方の雰囲気ならこの背景の色……といった具合で想像しながらセッティングしました。撮影した写真を同僚に見せて、女優さんの名前を伝えると「なるほど！」といった反応が返ってきてなかなか楽しいです。こんなふうに、作品のイメージに合うかどうかが大切です。

11 背景の素材は
主張控えめがおすすめ

▶ ここが **Point**

> 背景の素材はフェイクファーなど主張が強いものを選ぶ
> と作品の魅力が激減します

よかれと思って選んだ背景で台無しに

背景の素材も作品の雰囲気に大きく影響します。背景の
素材を選ぶときのポイントは、「作品よりも主張の強す
ぎる背景は失敗しやすい」ということです。また、撮影
練習をしっかりこなす前に、複数の素材を組み合わせる
のは難易度が上がるので控えましょう。100円ショップ
などで販売しているレースペーパーは、かわいい雰囲気
を出しやすい反面、印象がチープで紙のシワもとても目
立ちます。ないほうがよかった……という事例も残念な
がら多いので気を付けてください。

── 失敗しにくい素材 ──

・画用紙
・木の板（ツヤ無し）
・コンクリート
　（壁面、床など）

── 失敗しやすい素材 ──

・布
・ツヤ感があるなど反射す
　る素材
・フェイクファーなど主張
　の強い素材
・シワが目立つ素材

\ minne作家から学ぶ / 背景素材の大切さ

minne作家smilehomekei さんは、納得いく写真が完成するまで、様々な
背景素材の写真を撮影したそうです。その撮影の過程を見てみましょう。

▶ 納得の写真が撮れるまで〜撮影の過程〜

△ 布のマットを敷いていますが、織り目がチラつく点と、模様の歪みのほうが作品よりも気になります

△ 背景のタイルの色合いと模様が強すぎて、作品より背景が目立っています

△ 厚手の画用紙を背景に。紙のシワ加工がかなり目立ち、粘土作品のマットな雰囲気を引き立てていないように見えます

○ 青の画用紙の背景が落ち着いた雰囲気のおかげで作品の表情がよくわかります。こんな雰囲気で飾りたい！と思える素敵な写真です

まとめ

納得いくまで撮影したことで、作品の雰囲気に合う背景にたどり着いています。背景に色や素材感を入れるのは、とても難しいです。しかし、お気に入りの1枚に出会えると、作品がより魅力的に輝きます。

12

撮影テクニック上級編

写真から作品の物語を伝える

▶ **ここが Point**

❶ 初級・中級をマスターしたら、次は演出を考えて
写真を撮影してみよう
❷「素敵だな」と感じる写真には物語がある

写真に物語を込める

作品の魅力を伝える写真を撮るには、初級〜中級編まで
マスターできれば十分です。「写真をカッコよく見せる
"ボケ"を教えてほしい」という撮影技術については、こ
の本では割愛します。専門の素晴らしい書籍がたくさん
書店に並んでいますので、好きな本をぜひ探してみてく
ださい。上級編でお教えするのは「物語のある写真」です。
私が素敵だな、と思う写真は下記のように作品の利用シ
ーンなどから物語が伝わる写真です。作り手の想いが込
められた写真は購買意欲がより刺激されますよね。ここ
では世界観を作るときの注意点を紹介します。

▶ **撮影場所、小物、すべてに意味がある**

作品をどの場所に飾るか、わかりやすく提案さ
れています。作品が届くまで、一番素敵に見え
る場所を用意して待つ時間もすごく楽しそうで
す（写真：anvai）

「このシュシュをつけてどこへ行こう！」とい
う気持ちにさせる写真です。着用写真は作品と
合った洋服のコーディネートなども重要です
（写真：chiko）

「物語のある写真」を撮影するときの注意点

01 アクセサリーは使うお客様をイメージする

アクセサリーなどは、身につけるときの服装や季節感をイメージして、小物をスタイリングするとよいです。右の写真のピアスは、冬のきゅっと寒い空気にとっても映えそう。奥行きのある光の演出がホリデーシーズンを連想させて、とても素敵です。

（写真：Lina accessory）

02 インテリアは似合う空間を演出する

お部屋の中に飾るものは、実際に飾っている様子を提案することが一番伝わりやすいです。こんな雰囲気のお部屋に合いそう、というおすすめのスタイリングをぜひ組んでみてください。この写真は、リビングの一角にこんな小物を飾れたら……なんて想像が膨らみます。（写真：陶ノ鳥 ひよこや）

03 着用写真は撮影場所もコーディネート

洋服やカバンで着用写真を撮影する際は、あの人に似合いそうだな、こんなお出かけのときに持っていきたいな、という情景をイメージして撮影するのがおすすめです。右の写真だとカッチリしたバッグが日常の外出をおしゃれにしてくれそう、という提案が伝わります。（写真：noco）

13

日当たりが悪い部屋でも大丈夫

自宅で
撮影するときのコツ

▶ **ここが Point**

❶ 写真の撮影場所は自宅室内だけとは限りません。
ベランダ・公園なども試してみましょう
❷ 補正機能を使い理想の写真を目指しましょう

ベストな撮影ポジションを探そう

「私の部屋は日当たりが悪いから素敵な写真は撮影できない」と考えず、まずはベストな撮影ポジションを探しましょう。下記の4つのことを意識して撮影場所を探すと、劇的に美しい写真が撮れるようになるケースが多いです。また、天候によって、同じ場所でも撮影の雰囲気が大きく変わります。室内だけでなく、ベランダや公園で撮影に挑む方もいます。撮影場所は自宅室内と限定せず、視野を広くして探しましょう。

\ ベストな撮影場所を見つけるための4つのポイント /

窓からの距離	撮影ブースと窓の位置関係	床からの高さ	撮影する時間帯
作品によって適切な明るさは違うため窓からの距離にも気を配りましょう。レザー、ニットなどは窓から少し離れたほうが色合いが美しく写るケースが多いです	例えば、東と南の両方に窓がある場所で撮影すると、影が消えてしまい立体感のないノッペリした写真になってしまうケースがあります。この場合、片方の窓は光を遮ったほうが撮影しやすいです	腰窓の場合、窓の高さより低い位置で撮影すると、壁の影が入るので暗くなってしまいます。窓の大きさや位置に合わせて、ベストな床からの高さを見つけましょう	時間帯によって光が差してくる方向が異なるので、影の落ち方をよく観察して撮影しやすい時間帯を見つけましょう

暗い室内でも明るい写真を撮影する方法

01 窓のそばで レフ板を使う

部屋全体が暗く感じても、窓のそばで光をきちんと捉えてレフ板を使えば、明るく綺麗な写真撮影が可能です。（作品：sonamira）

Before 窓から1mほど離れた位置で撮影。窓からの光が届かず全体が暗くなっています

After 窓のそば20cmの位置で撮影。空間全体が明るくモチーフに光がしっかり当たっています

02 写真の明るさを 調整する

なんとなくイマイチ、と思う写真でも、スマートフォンのカメラアプリで綺麗に補正できます。試しに、iPhoneに導入されている写真編集機能で明るさを調整してみました。iPhone以外のスマートフォンにも編集機能が備わっているので探してみてください。下の写真はiPhoneX(iOS16.1.1)の設定画面です。（作品：enco）

Before 背景の白い画用紙がうっすらグレーがかっていて、全体に影が落ちています

After iPhoneの編集機能で全体の陰りを調整しました。この程度の暗さの写真なら編集可能、という感覚を掴めるとよいでしょう

--- 写真編集機能の使い方 ---

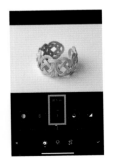

❶ 撮影した写真を表示し、「編集」をタップ。編集項目を選びます

❷ ここでは、「シャドウ・明るさ・暖かみ」を調整しました。雨天の撮影でしたが明るさ補正で綺麗な仕上がりに。写真の変化を見ながら色々と試してみましょう。iOS16以降は、編集内容をコピーして他の写真に一括でペーストできるようになりました

ここで大きく変わります

ネット販売を長く続けるコツ

「売れるコツを知りたい」から 「売れた理由を知る」に変える

ネット販売を長く続ける上で重要なのは、「再現性がある」という考え方です。再現性とは、自分で計画を立てて実行し、成果が出た手法を繰り返すことです。もし、誰かの成功体験を耳にしても、それはその作家さんの作品、価格帯、顧客層など、様々な状況のもと「うまくいった」ことです。誰かが「minneでは大ぶりのピアスより小さいピアスが売れる」と言ったとしても、自分が実践して同じように成功する確証はありません。自ら作ったショップ情報を見て、購入したお客様を1人でも自力で獲得できたことは、ものすごく価値あることです。自分で「なぜ売れたのか」を理解し、成功事例を積み重ねることが、販売を軌道に乗せるカギになります。

▶ 仮説を立て→検証→成功体験を重ねる
　そうして繰り返し売れるように

| 初めて作品が1つ売れた | > | 昨日新しい写真を撮影し登録したから | > | お客様に魅力が伝わっている！他の作品でも実践しよう！ |

CHAPTER

06

Branding

情報発信を上手に使って
"あなたの作品が欲しい"
と思ってもらおう

売れている作家と売れていない作家はココが違う

> **売上が月10万円以上の作家の共通点**

1 ▸ **行動が早い**

2 ▸ **継続力がある**

3 ▸ **研究熱心**

行動が早いと機会を逃さない、研究熱心だから継続できる

月に10万円以上コンスタントに売上を作っている方には、上記3つの共通点があると感じています。**1**は、例えば「ギフト包装できますか?」とメッセージが届いた場合、「お客様は複数の作家さんにメッセージを送っているかも」と想像し、返事が早いほうが有利と考え、即行動に移します。**2**と**3**は、例えば宣伝活動を繰り返し行うと、大抵の方は飽きるし疲れます。他の作家さんが脱落していく中でも、研究しながら継続できる方は、お客様の目にも留まりやすくなります。右ページではもっと具体的に、売れている作家さんの特徴を書き出してみました。

Question

1〜5章を読んで実行したことはありますか?

ここまで、皆さんが間違い悩みやすい、作家像・目標設定・価格・ページの作り方・写真の5つのカテゴリーを紹介しました。どれか1つでも変えてみようと実行しましたか。ココが売れる方と売れていない方の違いです。

売れない理由が何か考える

▶ 売れている方の特徴　＼ **Good** ／

・自分の作品の魅力を言葉にできる
・リピーター向けの宣伝と新規のお客様向けの宣伝を意識して分けている
・「初めて自分の作品を見た方がどう思うか」を常に意識している
・お客様が買い物しやすい販売ページを整えている
・フォローする価値のある情報をSNSに提供できている
・改善点を見つけたら即行動する
・お問い合わせメールなどへの対応が早い

▶ 売れていない方の特徴　＼ **Bad...** ／

・安くしないと売れないと思い込んでいる
・自分のお店で買うことのメリットを説明できていない
・どんな方が自分の作品に興味を持ってくれるのか想像できていない
・誰に向けて宣伝しているのかが曖昧
・SNSの投稿内容とminneのショップページを比べると情報量に差がない
・わかっている課題を先延ばしにしがち
・ライバルが多いから埋もれていると思い込んでいる

まとめ

売れない原因がわからないときは、自分の得意なところと苦手なところを書き出してみてください。そうすると自然と自分の改善点が見えてきます。「自分には改善点はない」と思っていても、売れていないのであれば、現状のままでは売上に繋がっていないことを自覚しましょう。

委託販売、イベントが突然中止

時代の変化に負けない 売り方を考えてみよう

▶ ここが**Point**

> 大切なのは3つ。「状況を冷静に把握する」「変化はチャンスと考える」「販路を複数用意しておく」ことです

順調だった販売が突然激変！

販売活動では、委託販売が閉店、イベントが中止など、予想しない事態に直面することも。この状況を乗り切るために大切なことは3つ。1つ目は状況を冷静に把握すること。販売が激変したのは自分だけなのか、他の方も同じ状況下なのか正しく把握しましょう。2つ目は変化はチャンスでもあると考えましょう。この状況下で「何をすれば喜んでいただけるか」と、考えることで新しい挑戦ができるとプラスに捉えましょう。3つ目が販路を複数用意しておくこと。これは1つの販路に何かトラブルがあった場合のリスク回避になります。まずは、落ち着いて3つのポイントを見直してみてください。そうすれば解決策がきっと見つかるはずです。

＼ 焦る前にこの３つを見直して！ ／

その1

状況を冷静に
把握する

その2

変化はチャンスと
考える！

その3

リスク回避のため
販路を複数用意

\ minne作家に学ぶ / 売上が激変したときの見直し方

順調だった販売活動が突然変わったとき、いったいどうすればいいのか。
改善策を考え、成功したminne作家さんに聞いてみました。

 uria
作家歴：3年

和風ながら洋服にも合わせやすく、日常でも
毎日使えるような使いやすいデザインの「水
引」を使ったアクセサリーを製作しています。

Q1 委託販売が激減!? ネット販売でどのような改善策を実施しましたか？／当時、順調だった
委託販売先が臨時閉店、ネット販売の売上も激減し、モチベーションも低下する中、あると
き、「写真に改善点あり」とご指摘いただきました。水引作品を際立たせるための背景・小
物の配置など、なんとなく撮影していた写真を見直し、撮り直しました。さらに、ショップ
ページの説明文に「水引」に込められた意味を付け加え、「かわいいプラスα」の付加価値
がお客様へ伝わるように意識。また、新作を考える際には何歳ぐらいの方に向けた作品なの
か、どういうシーンで使ってほしいのかなど、ターゲット層をより意識して制作。結果、落
ち込んでいた売上を改善することができました。

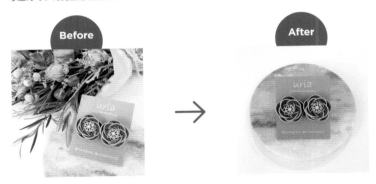

Q2 販売活動を継続するために大切だと思う3か条を教えてください。／
1.お客様への感謝を忘れないこと
2.新作のアイデアを探し続けること
3.PDCAサイクルを回し続けること

Q3 突然売上が激減し、困っている作家さんへ一言！／売上が急に下がると焦ると思います。私
も焦り、落ち込みました。でもそんなときこそ「自分のブランドを見つめ直す時間ができ
た！」とプラスに捉えてみるのはいかがでしょうか？ 売上に波があるのは当たり前ですが、
顕著に下がるときは何らかの理由があります。少し客観的に自分のブランドを見る時間があ
ると、改善点が見えてくることもきっとあるはずです。

03

いつも新規のお客様しか買ってくれない……

作家活動を続けるために
「あなたの」ファンを作ろう

▶ ここが **Point**

> ファンづくりは作家活動のモチベーションアップだけではなく、一定の売上を作ることに繋がります

売上を安定させるには
ファンを増やし続けることが必要

ファンづくりは、販売活動を長く継続する上でも重要な課題です。例えば右のケースのような作家さんが2人いるとします。Case 1の作家さんの購入者はいつもほぼ新規のお客様のみ。一方、Case 2の作家さんは、売上のうち新規とリピーターが半分ずつを占めています。後者は、新規のお客様を毎月15人獲得すればよいので、Case 1に比べると、新規購入者獲得のための宣伝活動は半分で済みます。その分の時間でリピーター向けの特別な取り組みに力を入れたり、制作時間を多く確保できたりと、より自分が力を注ぎたい活動に時間を使えます。ファンは心の支えになるだけではなく、自分の作家活動の負担も減らしてくれるのです。

Advice

**ファンは
成り行きでは
増えません**

ファンを作るためには、作品のターゲット層向けの宣伝活動、販売時の顧客対応、次回購入に繋げる作品展開の相乗効果が必要です。自分に合ったファンづくりを探求して実践しましょう。

ファンがいない・いるの違い

Case 01
新規のお客様が中心だと宣伝活動が必須

同ジャンルの他ブランドよりも価格を安く設定し、新作を月に2〜3回発表。しかしリピーターに繋がらず、毎月新規のお客様を集めないと売上が0に。

Case 02
リピーターがいると売上も安定

ファンの方々が新作を楽しみにしてくれている状態。SNSで新作告知をするとそれなりに反響があり、リピート購入に繋がるため、Case1に比べ宣伝活動の負担が軽くて済みます。

その結果 **／ リピーターがいると宣伝に費やす時間を減らせる**

重要

手に取りやすい価格が裏目になることも

初心者の作家さんには、まだ知名度が低いという理由で材料費程度の販売価格でスタートする方もいます。確かに価格に惹かれて購入するお客様は存在します。しかし購入者にとっては、「一番安い作品があったから買った」という記憶止まりで、「誰が作った作品」という印象が残りません。とはいえ、適正な販売価格にするだけではファンは獲得できません。次のページからはファンづくりに繋がる、宣伝活動について紹介していきます。

04

ファンを増やすための考え方って？

販売活動を軌道に乗せる
3つのポイント

▶ ここが **Point**

> 「ファンになってもらうステップ作り」「複数の場での
> 情報発信」「売り場の循環を生む」が必要です

お客様との関係性を構築していこう

私はハンドメイド販売を軌道に乗せ、ファンを増やすた
めには3つの取り組みが重要だと考えています。1つ目
は、ファンになってもらうステップを用意することです。
2つ目は、情報を複数の場で発信し、お客様に渡り歩い
てもらえるようになること。それがしっかりできるよう
になったら、3つ目の「売り場の循環を生むこと」。つ
まりminne以外にも売り場を用意し、そこを巡ってもら
うことに取り組みましょう。これは、SNSで自分を知っ
てくれた方が、minneで購入し、さらに新作購入目的で
販売イベントにも足を運んでくれるようになる、という
流れです。この売り場の循環を生むためには、2つ目の
情報発信が不可欠になります。

＼ ファンを増やすための3つの取り組み ／

その1

| ファンになって
もらうステップを
用意する |

その2

| 複数の場での
情報発信 |

その3

| 売り場の循環を
生むこと |

その1　ファンになってもらうステップを用意する

▶ ファンを増やす流れ

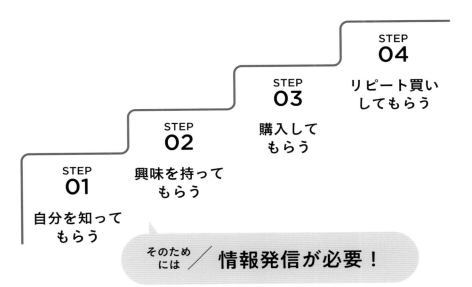

STEP 04
リピート買い
してもらう

STEP 03
購入して
もらう

STEP 02
興味を持って
もらう

STEP 01
自分を知って
もらう

そのためには／ 情報発信が必要！

「一目ぼれ購入」はハードルが高い

ファンを増やすには、上の図のようにまず自分を知って
もらう機会を作り、お客様に興味を持ってもらい購入、
そしてリピート買いする、という一連の流れが必要です。
こう考えると、一目ぼれ購入はお客様にいきなりステッ
プ3に飛び込んでもらうことになるので、ハードルが高
く現実的ではありません。初心者のうちは「誰か買って
くれたらいいな」と希望を抱きつつステップ1と2の準
備不足で撃沈するケースが多々あります。まずは1、2
を押さえるために、次のページの情報発信が重要です。

▶ お客様に複数の場を渡り歩いてもらい、心を掴む

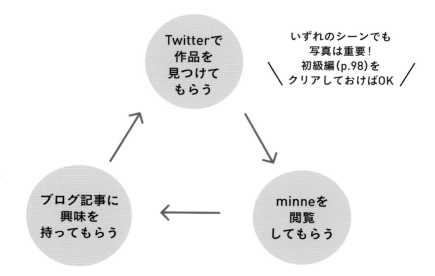

ショップカードや名刺も渡り歩いてもらうための
ツールです。SNSやブログ、ホームページのURLを
掲載しましょう。

情報発信は目的別に！

月商5万円までならminneのみでの発信でも目指せます
が、それ以上なら、SNSやブログなどの存在が重要で
す。情報発信のツールは、目的別に活用しましょう。具
体的には、「ホームページでブランドの世界観を伝える」
「SNSは最新情報を発信する」「ブログは作り手の想いを
ぶつける」という形です。上の図のように目的別に活用し、
それぞれの情報発信元経由でお客様に「まずは自分の存
在を知っていただくこと」が売上UPへのカギとなります。

▶ 1つの売り場を入口に、他の売り場も認知してもらう

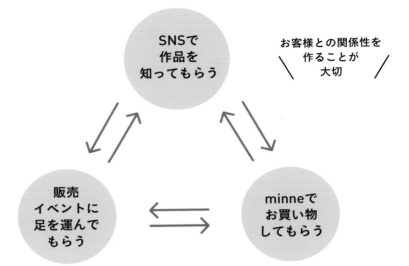

こうした循環があれば、イベントに出展できない場合でも、引き続きネット上で購入される可能性が残ります。「イベントに出る作家」としか思われていないと、出展を止めた時点でその分の売上が減ります。

関係性を築いて好循環を生む

個別の売り場を入口に、その後複数の売り場をお客様に認知してもらえば、minneで購入した方が次はイベントに来てくれる、その逆にイベントで出会った方が次はminneでも買ってくれる好循環が生まれます。入口がどの売り場であっても、「それぞれの売り場ごとのお客様」ではなく「私のお客様」と捉え、複数の売り場を巡ってもらえるような関係性を構築しましょう。それを累積することがファンを増やすことに繋がります。そんな売り場の循環を生むには、やはり情報発信が必要不可欠です。

SNSはフォロワー＆情報の質が大切

▶ ここが **Point**

> ❶ 情報発信には SNS・ブログ・ホームページなど色々なツールがあります
> ❷ 質の高い、定期的な投稿がファンを増やすカギ

SNSをやれば売れるわけではない

SNSを活用して売上を伸ばしている作家さんはたくさんいます。とはいえ、SNSをやれば売れるようになる、という単純なことではありません。売上を伸ばすためにはファンを増やすことが大切で、そのためには自分の作品を見つけてもらう機会をたくさん作る必要があります。つまり作品を見てもらう機会を増やすことが、売上を伸ばすカギとなります。そのため、投稿1つでより多くの方に、自分の作品を見てもらえるSNSは効果的なツールです。ただし、始めてすぐ効果が出るわけではない、と頭に入れておいてください。ここでは、まずSNSを運用するにあたっての心構えについて解説します。

Advice

フォロワー数の目標は最初は20人で大丈夫

例えば20人のフォロワーがいて、このうち5人が、新作の連絡をすると必ず購入してくれればすごいことです。SNSで大切なことはフォロワーと情報の質ということを頭に入れましょう。大きな数に捉われないでください。

01 目的は明確に

「なんとなくみんながやっているから」という理由でSNSを始めると、目的が曖昧で販売に繋がる可能性は非常に低いです。ハンドメイド作家さんのSNS活用の様子を拝見していると、「作家同士の交流のため」「作品のPR」「個人の楽しみ、息抜き」など発信する目的は人それぞれです。活用目的を明確にすることで、伝えたい情報にまとまりが出ます。

SNSの
利用目的は
\ 明確に /

作品の
PR

作家との
交流

Branding

02 誰でも閲覧できることを意識しよう

SNSは閲覧を制限しない限り、誰でも見ることができます。たくさんの方に見られるということを常に意識してください。例えば、何も考えずネガティブな内容を投稿して炎上するというケースもあり得ます。またフォロワーもマイナスな投稿を見てよい感情は持たないでしょう。

Negative

131

03 人の行動に制限・強制をしない

自分の投稿に「いいね」はつくのに売れない、とモヤモヤしていませんか。しかし、「いいね」をつけたら購入必須というルールはありません。SNSの使い方は自由、人の行動を強制してはいけません。

イイネ

SNSの活用方法は次のページで

＼ 情報発信に使える ／ SNSやツールの紹介

情報発信に役立つ代表的なSNSやツールを紹介します。まずは1ユーザーとしてサービスを楽しむのもおすすめです。その上で、自分の集客に役立てるには何ができるのか考えてみましょう。

01 拡散力が魅力的なTwitter

Twitterはたくさんの方に情報拡散ができる可能性があります。イベント出展の際はイベントのハッシュタグが集客に効果的。お客様の口コミツイートはお客様とのコミュニケーションにも繋がります。ただし、情報が流れる速度が速いため投稿数が少ないと効果を実感しにくいので、同じ情報でも見せ方を変え繰り返し投稿を！

02 目的別に使えるInstagram

minneで掲載しきれない写真や動画を見てもらいたい方におすすめです。フィード投稿、ストーリーズ、ハイライト、リール、インスタライブを使い分けると、1つのSNSで様々な情報発信が可能です。また、イベントやワークショップ前にインスタライブをすれば集客にも役立てることができます。

03 動画で発信したいならYouTube

「SNSは使わないがYouTubeは見る」という視聴者は多く、新規顧客開拓に効果的。例えば、作り方動画や作業風景の動画は言葉がわからなくとも伝わりやすく、海外の視聴者にも届く可能性があります。機材一式を揃えるのは大変なので、まずはスマホのみで始めてみるのがよいでしょう。

04 新たな集客ツールTikTok

10代向けのSNSのイメージが強かったTikTok
ですが、現在は様々なジャンルの動画が投
稿されて幅広い年代の方にも見られています。
ハンドメイドジャンルでは制作風景や梱包動
画、制作の工夫などTips系動画が多く投稿さ
れ人気を集めています。今後も利用者増が見
込まれるので新たな集客方法の1つとして期
待できるツールです。

05 情報を蓄積するブログ

作家の日常や商品の詳細など、SNSでは掲載
しきれないボリュームの情報を書き留められ
ます。長く続けることで価値が増していきま
す。SNSで発信した情報を再度整理し投稿し
てもよいでしょう。

06 顧客へ密に情報をLINE公式アカウント

LINE公式アカウントを開設するとメッセー
ジ配信やLINEチャットを使い、お客様へ密
な情報発信ができます。セール情報や販売開
始日時のお知らせなど、友だち追加したユー
ザーに先行して告知し、リピーターを優遇
する施策などを打ち出しやすいです。ただし、
使い方によっては使用料が発生します。

※参考 https://www.linebiz.com/jp/entry/

投稿内容で悩んだときの注意点

情報発信で何を投稿するのか悩んだ方のために2つの注意点をご紹介します。

Point 01

とりあえずminneで掲載している情報を投稿してみる

SNSに何を投稿すればよいかわからないので、とりあえずminneに掲載している作品写真と説明文を投稿した、というケースは多々見られます。SNSを始めたばかりの頃は、まず「投稿すること」に慣れることが大切です。投稿に慣れてきたら運用内容をしっかり見直しましょう。

Point 02

ショップページとSNSで目的を分けて発信

SNSにショップと同じ情報が並んでいるだけでは、お客様にとってはSNSをフォローする目的が生まれません。例えば、ショップは「お買い物の場所」、SNSは「販売開始するまでのワクワク感を蓄積する場所」「購入したお客様からの声を発信する場所」といった感じで目的を分けて考えてみましょう。「単なるカタログ写真のアカウント」にならないように注意しましょう。

△ minne＝買い物する場所
SNS＝作品の紹介のみ

SNSとminneのショップに情報量の差がない

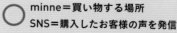

○ minne＝買い物する場所
SNS＝購入したお客様の声を発信

SNSとminneのショップ、それぞれに目的が感じられる

まとめ

SNSでファンを作るために大切なこと

ここで紹介する方法が必ずしも正解というわけではありませんが、SNSを使ったファンづくりのポイントを3つにまとめました。ご自身のSNSへの向き合い方の参考にしてください。

Point 01 「始めた瞬間、作品が売れる」と即時性を望まない

SNSは活用している作家さんが多い分、「今さら始めても遅い」と感じて消極的になっている作家さんもいます。急にファンが増えて、作品が飛ぶように売れるということは、なかなか起こりません。どの作家さんも試行錯誤を重ねて今があります。焦らずにコツコツと更新を続けて、ゆっくり自分を見つけてもらいましょう。

Point 02 情報を明確に発信する

自分に興味を持ってくれる方にアカウントを見つけてもらうには、「誰をターゲットにしているか」「ターゲットが興味のある情報発信をしているか」「アカウントを見つけてもらうためにminneでリンクをつけているか」ということが大切です。また「作っている」情報だけでなく「販売している」ことも発信して、お客様を売り場へ誘導しましょう。

Point 03 自分のペースで更新していく

「SNSは毎日投稿したほうがいいですか」と聞かれると、確かに週1回より毎日投稿したほうがお客様に届く可能性は7倍に増えます。しかし、更新は無理のない範囲で大丈夫です。週1回の更新でも着実にファンを増やしている方はたくさんいます。SNS別に更新頻度の目安を右にまとめました。Point1〜2を理解した上で、積み重ねていくことが大切です。

> Twitter：1日数回

> Instagram TikTok ：週2〜3回

> ブログ：月1〜4回

> YouTube：週1〜2回

SNS投稿を見るお客様像を想像しよう

▶ ここが **Point**

> 作品作りと同じで、情報発信でもお客様像を明確にすることが必要です

「投稿ネタがない」はありません

「新作が無いとSNSに投稿するきっかけがない」なんてことはありません。投稿できる「ネタ」の存在に気付けていないだけです。まずはどんな人に情報発信したいかお客様像を考え、投稿を見てもらう方を明確に意識しましょう。お客様像が固まったら、まずは下の3つのテーマから投稿内容を考えるのがおすすめです。大切なのはお客様が知りたい情報は何かです。新規のお客様と、リピーターのお客様向けの発信では書く内容が全く異なるはずです。また、最新情報だけでなく「3年前に作った作品と当時の反響」や「来年チャレンジしたいこと」などもお客様に自分のブランドを知ってもらうための情報発信に繋がります。

\ この3つから投稿テーマを考えてみて！/

その1

利用目的を伝える
例)仕事用、デートにぴったり、休日のお出かけに、誕生日プレゼント

その2

購入前の不安解消
例)どんな人が似合うのか、大きさや軽さ、どう使えるか

その3

ワクワクさせる
例)便利な使い方提案、おしゃれのアイデア、ギフト包装の紹介

情報を届けたいお客様ってどんな人?

質のよい情報発信をするには、情報を届けたいお客様像を考えると効果的です。一緒に考えてみましょう。

Step 01 お客様のライフスタイルを想像する

SNSでどんなお客様に情報を伝えたいか書き出してみましょう。 お客様がSNSを見るタイミングなどライフスタイルも考えると、投稿時間の参考になります。0から考えるのが難しい場合は、CHAPTER1のp.18で考えたお客様像を元に、そのお客様のライフスタイルを具体的に考えてもいいでしょう。

- 20代後半の会社員
- 朝8時〜9時は通勤時間
- 毎月おしゃれに3万円使う
- 東京都内で1人暮らし

Step 02 そのお客様にしてほしい行動や提案したいことは?

Step1で考えたお客様にどんな情報を届けたいか、左ページの3つの投稿テーマを元に考えてみましょう。

こんな情報を届けたい!
- 通勤時間に作品を見つけてほしい
- 気軽に買えるお店だと認知されたい
- プレゼントにおすすめのアイテムがある!
- 夏のリゾートにピッタリのデザインが揃っている
- 忙しくても手入れが楽なアイテムがある

まとめ

何事もイメージを固めることが大切

イメージを固めることで、色々な投稿ネタに気付くことができます。あとは試行錯誤、投稿を繰り返すのみです。

投稿して終わりはNG

情報発信したら
必ず結果を振り返ろう

▶ **ここが Point**

> 効果的な情報を届けるために「振り返る→改善」を
> 必ずしましょう

情報発信の効果が見えなくて
焦っていませんか？

「頑張ってもSNSのフォロワーが増えません」という相談を受けたとき、「1ヵ月あたりの増やしたい人数」「どんなフォロワーを増やしたいのか」「今は誰に向けて発信しているのか」の3つを質問しています。効果が見えない原因は目標を決めていないということです。「私の情報発信の目的」を計画に落とし込み、実践したことから問題点を見つけ、お客様の反応を見ながら新たな課題に取り組む……ということを繰り返すことで「どんな行動をするとお客様が喜ぶか」が見えるようになり、成果に繋がります。この積み重ねが「ブランドの勝ちパターン」となり、ライバルショップが真似できない販売戦略になるのです。

Question

**計画を立てるのが
そもそも
難しいときは？**

計画の立て方が難しい場合は、季節やイベント出展などを軸に考えてみるのがおすすめです。春の新生活シーズンに向けて2月から情報発信を始める、などシンプルに考えてみてください。

アップデートしながら情報発信してみよう！

情報発信は「計画→実行→振り返る→改善」の流れでアップデートしながら何度も繰り返すことが重要です。まずは次の4つのステップで発信してみましょう。一般的にこれを「PDCAサイクル」と言います。

step 01 計画する

誰にどんな情報をどうやって届けたいか考え、目標も決める。

> 新作の販売開始前からInstagramに投稿して、新作を知ってもらう機会を増やしたい。まずは、コメントが10件つくことが目標！

▼

step 02 実行する

計画した情報発信を実行する。投稿も一度でなく数回やって、反響を比べてもOK。

> 制作過程の写真を交えて、新作のアピールポイントを投稿

▼

step 03 振り返る

実行した内容の反響を確認。望んだ結果になっていない場合は原因を分析。

> コメントが10件ついた！けれど内容は、作家仲間からの感想のコメントだけで、作品に対する質問はもらえなかった……

▼

step 04 改善する

原因を元にどう改善すればいいのか考える。

> 知り合いのコメントが多かった。新規の方が興味を持つ投稿内容になっていないのが原因かも。次は文章を改善して投稿しよう！

動画でお客様との
接触時間を増やす

▶ **ここが Point**

> 情報発信では
> 投稿の回数だけでなく見てもらう時間も大切

お客様の見る時間を増やす！

ネット販売を軌道に乗せるためには、SNSでお客様との接触回数を増やす情報発信が有効と説明しました。慣れてきたら、次はお客様との接触時間に目を向けてみましょう。接触時間を増やすには、「作品数を増やしてお客様のショップページの閲覧時間を増やす」「ブログや読み物コンテンツでじっくりブランドについて知ってもらう」など、色々と方法があります。また、近頃は動画やライブ配信・音声配信も重要な手法で、各SNSでも動画配信機能が強化されています。右ページでは、動画でお客様との接触時間を増やしている作家さんの事例を紹介します。

＼ **動画でどんなシーンを発信できる？** ／

・作品の紹介や使い方
・アトリエ・工房の様子
・作品の制作過程

> 完成品以外のシーンで
> お客様の心を掴む！

作品の制作風景やキットの使い方など文章で伝えにくいことを紹介するととっても素敵です（YouTubeチャンネル：FABBRICA・刺繍とソーイング）

▶ 普段見ない裏側を撮影してワクワク感を

購入者の方にとって、作品や梱包品がずらりと並んでる様子はとても新鮮な光景です。
作品が届くまでのワクワク感も高まります（TikTokアカウント：ayk_regolith）

▶ 動画で丁寧に作品を紹介する

在庫情報、再販情報、人気作品のランキングなど、作品にまつわるエピソードを加えることでニュース性が生まれます（Instagramアカウント：@trooms_t）

YouTubeを使って作品や制作技法などを動画で紹介することも可能です。動画の説明欄にminneの販売ページのリンクを貼れば、販売の導線がしっかり作れています（YouTubeチャンネル：FABBRICA・刺繍とソーイング）

リアルイベント出展時は情報を上手に発信しよう

▶ ここが **Point**

> ❶ 初めてのイベント出展前に、一度お客さんとして
>   イベントに参加してブースや雰囲気を知っておこう
> ❷ 集客へのカギは告知しているかどうか

何も知らずイベントに出展はNG

ネットショッピングをしない方にも作品のことを知ってほしい、どんな人が自分の作品に興味を持ってくれるか知りたい、と思ったらお客様と直接交流できるイベントに挑戦するのも1つの手段です。イベント出展が全くの初心者という場合は一度お客さんとしてイベントに訪れておきましょう。イベントによって客層や平均的な価格帯も異なります。行くのが難しい場合は、SNSなどで検索し、過去の出展者さんのレポート記事などを参考にしてもOK。また、自分のブースにお客様が訪れてくれるよう、告知もしっかりしましょう。告知する上でのポイントを次のページで解説します。

Advice

自分の作品を好んでくれる客層をリサーチしよう

フリーマーケットに出展する方もいますが、そこに訪れるお客様はお買い得品を求めて買い物に来ています。価格に目が行きがちな場なので販売はかなり苦しいです。客層と価格帯が合ったイベントに出展しましょう。

＼イベント準備で忙しい／ そんなときは告知のチャンス

在庫の準備などで忙しいときほど、SNSに投稿するネタがたくさんあります。
次の5つのステップを参考に、イベント出展について告知してみましょう。

▶ イベントの告知は5つのステップで

step 01
出展決定の速報

イベント出展が決まったらまずは速報です。出展日（開始時間〜終了時間）、開催場所、最寄り駅など交通機関の情報を投稿しましょう。

▼

step 02
販売する作品のお知らせ

どんな作品が店頭に並ぶのか紹介して、お客様のお買い物意欲を刺激しましょう。「こんな作品を出展に向けて作っています」と準備の過程を公開するのもおすすめ。

▼

step 03
リクエストを受け付ける

当日の品揃えに迷っている方、気持ちの余裕がある方はフォロワーに意見を聞いてみてもOK。コミュニケーションを取ることで、ファンとの関係性も深まります。

▼

step 04
出展ブース（場所）をお知らせする

ブースの位置が確定したら、イベント当日までにお客様が把握できるよう工夫しましょう。SNSのアカウント名やプロフィールに直接記載する方も多く見受けられます。

▼

step 05
繰り返し宣伝する

イベント情報の宣伝は、何度も繰り返してこそ効果を発揮します。情報はまとめて発信せず、作品紹介であれば1ツイートに1作品にするなど、分割して投稿回数を増やしていくことも1つの手段です。当日のラッピングやブースの看板など、イベントに関することは全て発信していきましょう。

まとめ

イベントで利益を出すには告知がカギ

多くの作家が参加するイベントで、イベント主催者の集客に頼り切って利益を出すのは現実的ではありません。しかし、どんなイベントでも、一定の売上をあげる人気作家さんは存在します。そういう方は、イベントの宣伝を地道に繰り返し、ブースにたくさんのファンを集めています。例えば、Twitterのフォロワーが30人いて、その内の5人が朝一番からブースに来てくれたとしたら、ブースも賑わうはずです。

お客様からの問い合わせは 丁寧で早い対応を

▶ ここが **Point**

> お客様の問い合わせから回答までの時間の短さが、「お客様満足度」の向上に繋がります

お客様から質問が来たら すぐに返信していますか？

作家活動を始めると、オーダーメイドの依頼・再販情報など、様々な問い合わせがお客様から寄せられます。ここで大切なのは、お客様への返事のスピードを上げることが、お客様満足度の向上に繋がる、ということです。下記の例のような即答できない質問内容でも、作家Aさんのようにその時点でわかっている情報を先に伝えることで、「この作家さんは問い合わせにすぐ回答してくれる」とお客様に好印象を与えることができます。

▶ ＼ 1つの返信で変わる ／ 問い合わせ対応の違い

再入荷の予定は
＼ ありますか？ ／

作家 Aさんの場合

現在の状況を説明する
「再入荷の予定はありますが、現在生地を取り寄せ中で、3日ほどお時間がかかる見通しです。あらためて確認でき次第ご連絡させていただきます。」

安心して次の情報を待てる

作家 Bさんの場合

再販の時期がわかってから連絡する
生地の入荷情報がわかるまであと数日かかるので、わかってから返信する

「返事が来ないな」と、不安になる

お客様との線引きは大切

無理な値下げ・オーダーは断ることも大事

▶ **ここが Point**

> ❶ お客様とのトラブルを完全になくすことはできません
> ❷ 無理な問い合わせはお断りしましょう

100%のご要望を受けることはできない

作家側の都合に合わせて、お客様の行動をコントロールする方法はありません。よく作家さんから「無理な値下げ交渉やオーダーメイドの問い合わせに困る」と相談を受けます。フリマアプリ感覚で、悪気なく値下げの交渉をするお客様もいます。その場合は、お断りしてよいと思います。またオーダーメイドは、依頼を受けるのが苦痛になってきたら、無理に受ける必要はありません。「完成品のみ販売している」と、丁寧にお伝えしましょう。

＼よく聞く／ちょっと困ってしまうお客様のご要望

値下げ交渉するお客様は安価目当てでの購入になります。獲得したい客層とは異なるのでお断りしましょう

オーダーメイドを受けるときは、納期の日、価格設定、事前に代金を入金してもらう、この3つのポイントをクリアしてから引き受けてください

minne作家の
ふりかえりシート

ここまで、6つの章に分けて、作家さんが悩みがちなポイントを紹介しました。チェックリストで自分が取り組めていない部分を確認してみましょう。

CHAPTER **01** 理想の作家像 Vision

- ☐ 作家の実態を理解する
- ☐ 自分が目指す売り方を考える
- ☐ 何を作りたいのか整理する
- ☐ どんな人に買ってほしいか考える

p.13を参照

CHAPTER **02** 目標設定 Plan

- ☐ 1ヵ月の目標売上金額を考える
- ☐ 1ヵ月に自分が制作に費やせる時間を計算する
- ☐ 1ヵ月に制作可能な個数を把握する
- ☐ 売上・在庫数・制作時間の3つの数字を元に年間の販売計画を立てる

p.25を参照

CHAPTER **03** 価格設定 Price

- ☐「材料費・梱包費・人件費など」を合算し、原価を算出する
- ☐「高いと売れない」という考え方をやめる
- ☐ 利益を決めて、納得できる価格を見つける
- ☐ 価格の見直しを先延ばしにしない

p.41を参照

1つでも
疑問に思うことがあれば
要チェック!!

CHAPTER 04 minneページ (Page)

- ☐ ショップを作るために必要な項目を理解する
- ☐ まずは12点の作品掲載を目指す
- ☐ 適切な作品名をつける
- ☐ 興味を持ってくれる方のために説明文やプロフィールを書く

p.61を参照

CHAPTER 05 写真撮影 (Photo)

- ☐ 自宅でベストな撮影場所を見つけ、1,000枚を目標に撮影を練習する
- ☐ 白い背景で「明るく・ピントが合って・立体感のある」
  写真が撮れるようになる
- ☐ 作品の魅力を引き立てる背景色や素材を見つける
- ☐ 様々な角度で撮影し、掲載写真を5枚用意する

p.83を参照

CHAPTER 06 情報発信 (Branding)

- ☐ リピーターの重要性を理解する
- ☐ 自分の活動に合った宣伝方法を見つける
- ☐ どんなお客様にどんな情報を届けたいか明確にする
- ☐ 実行したことは必ず「振り返る→改善」を繰り返す

p.119を参照

お答えします!

minne 作家 50問50答

minne作家さんから寄せられたリアルな50の質問に回答

売上

01／アクセスが伸びてきましたが全く売れません

作品を見つけてもらえるようになった、ということはあと一歩です! アクセス数を増やすことを考えながら、同時にショップ内の「お買い物のしやすさ」についても見直しを。注文時に間違いなくお客様が「写真で見たものを購入できる」ように考えてみましょう。

02／なかなか売れません。目標の10分の1くらいです

目標達成するまでに見込んでいた期間が短すぎたのかもしれません。目標の10分の1とはいえ実績が出ているので、そこから目標達成の時期を考えてみましょう。

売り方

03／特集に掲載され、『お気に入り』はいただけるのに、ご購入には繋がりません

特集に掲載されて『お気に入り』がついた、とのことなので、作品の1枚目に掲載している写真には問題ないと思われます。写真以外の情報が不足していることで購入意欲の後押しが足りないのかもしれません。プロフィールでしっかり自己紹介ができているか、作品の使い方の提案を写真や文章で提案できているか見直ししてみましょう。

04／SNSやショップページの見直しなど、色々やっていますが、なかなか売れません

まずは「私の作品を気に入ってくれる人」は、あなたの作品のどういう点に共感してくれるのか、具体的に想像してみましょう。例えば、5人の親友それぞれに「あなたにはこの作品をおすすめしたい。理由は……」という感じで想像してみてください。その5作品分のおすすめポイントが、ショップページに記載されていますか?

05／1つの作品に制作時間が5時間かかります。自分の時給を価格に入れると、大変な金額になります。手間のかかる作品ではダメということでしょうか?

ただショップに作品を並べているだけでは、その手間暇は理解されにくいです。お客様が価値を理解し価格に納得してもらうには何を伝えたらよいか、ということを作家さんご自身が認識し発信していくことが大切です。つまり、ダメではなく相応の努力が必要、と考えています。

06／完全オーダー制で、新作が出ません。代わり映えの無いショップになっているのが悩みです

作家さんにとっては「代わり映えの無いショップ」だと感じたとしても、今日初めてショップを訪問したお客様にとってはすべて新鮮に映ります。お客様があなたのショップを閲覧したときに、①完全オーダー制のお店、②どんなオーダーができるのか、③どのくらいの期間が必要か、④オーダーのための連絡頻度、この4点がしっかり伝わるお店作りを追求しましょう。

07／どうすれば特集に掲載されるのでしょうか?

「この特集に掲載されたいな」と感じた特集ページのスクリーンショットを撮って、あなたの作品画像を合成してみてください。同じページに掲載されている作品と比べて、あなたの作品はクリックしてもらえそうですか? また、ショップページを閲覧したとき、他のショップより購入意欲が湧くショップづくりができているでしょうか?

08／自分の作品に需要があるのかないのかわかりません

あなたに学生の頃のクラスメイトが30人居るとして、その中であなたの作品を好き、と

言ってくれる人は1人居そうですか。居なければ、1,000人の同級生の中でなら1人居そう、と仮定します。「需要がなさそう」という漠然とした言葉を、具体的にどのくらいの需要のなさなのか、数字で想像してみましょう。

09／ショップに通常の作品と混ぜて「訳アリ品」を販売してもいいですか？

訳アリ品を混ぜて販売することは問題ありません。訳アリ品だけが売れてしまい通常の作品が売れない、という事態にならないように考えましょう。例えば、訳アリ品を期間限定で販売する、福袋として売り出すなど、考えられます。

10／ショップ内の作品の掲載順をどう決めればよいか悩んでいます

「今一番お客様におすすめしたい自信作トップ5」など、数とテーマを決めて並べてみてはどうでしょうか。季節のイベントに絡めておすすめ作品を決めてもよいと思います。

11／とにかく不安です。大丈夫だよと背中を押してもらいたいです

お客様はあなたの作品を喜んでいますか？ また、そういうお客様の姿を想像できていますか？ 誰か1人でも喜ぶ顔が見える活動ができていれば大丈夫です！

12／私の作品はマニアックすぎて売れない原因になっているように感じます

マニアックな作品を特定の地域の実店舗で販売しても、それを好むお客様が来店する確率が低いです。しかし、ネット販売だからこそ成功の可能性が溢れています。その魅力を余すところなくアピールを！

13／制作で手や首を酷使しすぎてしまいます。ペース配分が難しいです

1ヵ月あたり●点以上制作すると負担が大きい、という目安が見えてくると思うので、年間計画を立ててその範囲内で活動する、とい

った方法を考えてみましょう。

14／撮影、文章、梱包など制作以外の作業に時間を取られて困っている

働きやすい運営体制を考えましょう。制作に集中できる活動を叶えるために、梱包発送はアルバイトさんを雇用したり、撮影もプロにお任せする、という方法を考えてみるのはどうでしょうか。

15／利益を出すための方法、やり方について教えてください

CHAPTER 3のp.48を参考にしてみてください。

16／ショップの閲覧数を増やすために何を優先したらよいでしょうか？

売り場の情報を充実させることができてからSNSなどを使って集客の活動に進む流れがおすすめです。売り場を充実させるためには、写真の練習を随時行いながら、プロフィールの充実→作品説明文の充実の順にトライしてみましょう。

17／作家活動に本腰を入れることにしました。でも、経済的な不安や、在庫ばかり抱えてしまうのではと不安です

自由な時間が増えたとき、増えた時間をすべて制作時間に費やしてしまっては在庫ばかり抱える状況になってしまいます。「売るための活動」も時間に組み込みましょう。CHAPTER 2のp.32を参考に計画を立ててみてください。

お客様

18／お客様から返信をいただけない場合、どうすればいいでしょうか？

お客様からの返事が無いと取引が進まない場合は、minneへお問い合わせください。取引に影響がない場合は、お客様に返信の義務はないので「問題なく進んでいる」と考えても

らうのがよいと思います。

19／お客様にレビューを書いていただくことをこちらからお願いしてもよいのでしょうか？

はい、レビューの記入をお願いしてよいです。その際「レビューを書いていただくと、私も励みになります」という率直な意図を併せてお伝えするとよいと思います。

20／レビューを書いてもらえるコツが知りたいです

「ぜひレビューで感想を教えてください」というお手紙を作品に同梱したり、メッセージのやり取りの際にレビュー投稿を促すなども効果が期待できます。またレビュー以外で嬉しいメッセージが届いたときは、「お客様の声としてショップやSNSなどでご紹介してもよいか」という掲載許可をとって活用する方法もおすすめです。

21／お気に入り登録をしていただいた方に対して、そのまま何もせずにいても問題ないでしょうか？

はい、何もせずにいて大丈夫です。お礼のメッセージを送ったりフォローを返したりする必要はありません。

22／レビューやメッセージも全く無く、作品が届いているか不安になります

minne以外の通販サイトでお買い物をした際のご自身の体験と照らし合わせてみてください。商品到着後に特に必要なければ連絡をしないことも多々あるかと思います。お客様には、数多くの通販サイトの1つとしてminneでお買い物をされる方がたくさんいらっしゃいます。追跡番号付きの発送方法を活用してもよいと思いますし、連絡がなければ問題がなかった、と認識すればよいと思います。

23／オーダー制作の依頼をいただくことがありますがお断りするのが心苦しいです

オーダー制作を受けていないことを明確に

ショップに書いていますか？ もしかしたら、安く受けてもらえそう……と誤解されているのかもしれません。

写真

24／写真撮影がうまくいかなくて販売するか悩んでいます

上達するための近道は、納得いかない写真であっても一度minneに登録してみること。minneの中でご自身の作品が他の作家さんに混じって表示されているところを見てみましょう。「もっとこんな風に撮りたい」といった具体的な課題が見えてくるはずです。

集客

25／販売し始めて1ヵ月ほどですが、まだ売れたことがありません。どうやったら認知してもらえるのかがわかりません

「認知をしてもらう方法」がわからないときは、逆の手順で考えてみましょう。この作品を購入したい、というお客様が目の前に現れました。このお客様はどんな経緯で作品に巡り合ったのでしょうか。仮にminneの検索経由であれば、お客様は何の目的で作品を探していて、どんな検索ワードを使って、作品の何に興味を持ったのか……と深堀りしてみてください。

26／もっといいねや作品を見てもらえるようになりたいです。ハッシュタグや写真は時々変えています

「写真を変えた場合、アクセス数は●件ぐらいになるだろう」という仮説を立てましたか？ また、効果が無かった場合、その理由を推測する時間を取りましたか？ 検証する期間が短かった、変更内容にもう一工夫足りなかったなど、方向性が見つかると次のチャレンジに進みやすくなります。

27／お店はオープンしたばかりで、作品数も少ないです。アクセス回数が0や1程度だとやはりつらいです

まずはお客様が楽しくお買い物をできるだけの品揃えを用意することを最優先にしてはいかがでしょうか。アクセス数のことを考えるのはその次でOK！

28／お客様はどんな単語でminne内で作品を検索しているのでしょうか？

検索キーワード探しは連想ゲームのように考えましょう。作品名が造語の場合は、よほどの認知度がないと検索されません。馴染みのある単語が望ましいのですが、「指輪」など対象作品が多すぎても埋もれてしまいます。「指輪＋シルバー＋花」といった感じで複数の単語を組み合わせましょう。「プレゼント」「新築祝い」などを加えると、明確な購入目的を持ったお客様にアプローチできます。

29／アクセス数が伸び悩んでいるのですが、有料広告を使ったほうがいいでしょうか？

有料広告を使ってアクセス数が増えた場合、アクセスしてくれたお客様があなたのショップを閲覧して購入意欲が湧くだけの情報量を用意できていますか？ できていなければ準備不足なのでまだ早いです。

30／アクセス数を増やすために、出品する作品数は多いほうがよいのでしょうか？

ショップ内のページ数が増えることであなたの作品がお客様の目に留まるチャンスが増えますので、アクセス数増には効果的です。ショップをオープンしたばかりで作品数が少ないうちは、特に色違いの作品などを1ページにまとめずに、色別にページを作成することをおすすめします。

31／minneのハッシュタグのつけ方が全くわかりません

ハッシュタグは、minneのカテゴリーにはな

いシーズンイベント（#クリスマス、#母の日等）をつけてみましょう。また、minneが作品募集を行う際に、ハッシュタグを指定している場合があります。ただし、作品と全く関連性のないハッシュタグを付けてしまってはお客様にとってメリットがないのでNGです。

32／知名度のない技法で制作しています。ショップを見てもらうにはどうすればいいでしょうか？

お客様はその技法を知っているから作品を購入するのではなく、作品に魅力を感じて興味を持つところからスタートします。なので、知名度のない技法であることは販売する上でさほどデメリットになりません。むしろ、興味を持ったお客様に対して「これはとても珍しい技法で、作っている人も少なくて……」と伝えることで、希少価値があることの理解が深まり購入意欲が増すかもしれません。

SNS

33／一時SNSを毎日更新していましたが、ほぼ効果が無いような気がします

お客様は何をきっかけに投稿に辿り着いて、あなたの投稿からどんな情報を得ると「作品を買おう！」という動機づけになるのか考えてみましょう。

34／SNSのプロフィールにminneのURLを掲載していますが、minneのフォロワーさんがまだ少ないのでマイナスイメージを与えてしまっている気がします

誰でも最初はフォロワー0人からのスタートです。フォロワー数よりもフォロワーさんの質（ファンの熱量）が大切な時代です。素敵な作品に自信を持ちましょう。

価格設定

35／高額な作品でも売れている方と、売れな

い場合の違いは何でしょうか?

例えば、ファッション誌に掲載されているハイブランドのバッグですが、説明文が無く写真が1枚バーン! と載っているだけで一見情報量不足に見えますが、そのブランドのことを知っていて、憧れの念を持っている方の心に刺さっているのです。ハンドメイド作品も同じで、そのブランドのファンである顧客にとっては「高いけど買いたい」存在になっているのでしょう。そう思わせるだけのコミュニケーションの積み重ねが存在するかどうかが、結果の違いに繋がっていると思います。

36／適正価格を判断する方法はあるのでしょうか?

「今の価格で10個注文が入ったら嬉しいですか? 困りますか?」ということをCHAPTER3のp.42で書きましたが、この基準で考えていくと良いと思います。

37／適正価格で販売したい、と考えていますが、安い価格で販売されている作品が目に留まり、その度に悩んでしまいます

このご相談を受けたときは「自分より高い価格で販売している作家さんを参考にしましょう」とお話しています。個人の見解ではありますが、相場より安く価格設定されている場合、その価格の安さから作品が売れ始め、制作に追われ活動が続かないケースが多いです。とはいえ薄利多売で事業を展開する方法もあります。それぞれの売り方がある、と考えてみてください。

文章

38／「ノークレームノーリターンで」と書くと売れない、というのは本当ですか?

全く売れないとは言い切れませんが、おすすめできません。お客様にとっては「品質や完成度に不安があるのかな」と受け取られ、購入を見送られる要素に繋がります。

39／説明文1,000文字以上、写真も5枚以上掲載しています。それでも全くお客様の反応が無い場合、どうすればいいでしょうか?

minneの中で作品を検索して、様々な作品一覧の中に自分の作品が表示されているところをまずは確認。検索結果一覧には表示されていてクリックされていないのか、検索経由で見つけることができないのかで改善策が変わってきます。前者の場合は写真が課題で、後者の場合は作品名や説明文に課題があります。

配送

40／配送は普通郵便でいいでしょうか?

普通郵便のみの利用はおすすめしません。普通郵便は安価な代わりに追跡機能がなく、配送日数がかかります。万が一配送途中に紛失したりトラブルになった際に、対応がとても大変です。複数の配送方法を設定するか、追跡機能のある配送方法のみに絞るか検討してみましょう。

41／送料を事前に想定するのが難しいです

使用する段ボールのサイズを決めておくなど、基準を作ると対応しやすいです。初めてのネット販売であれば、「レターパックライトに入るサイズ」など、特定の箱・重さ以下で配送できる作品に限定してスタートしてみるのも取り組みやすいと思います。

42／送料の設定がよくわからないので送料込みの価格にしていますが、それで正解なのでしょうか?

自分が送料を負担するのでなく、送料込みの価格設定であれば問題ありません。

43／他の作家さんはどのように梱包しているのでしょうか? 気になります

minneに限らず、ご自身で日用品からハンドメイド品まで様々なお買い物体験をすること

が一番勉強になると思います。SNSで色々な梱包を検索するのもおすすめです。

その他

44／今はさほど売上が無いので、本格的な収支計算をできていません。仕入れなどのお金は家計費から出ている感じです

まず、家計費とは別に販売活動用の銀行口座を用意するところから着手してはどうでしょうか。本格的な収支計算ができていなくても、口座が分かれていれば予算も明確になり、後から計算するときにとてもわかりやすくなります。

45／確定申告や開業届について詳しく知りたいです

確定申告は税務署が無料で講習会を開催していますので、最寄りの税務署に問い合わせてみることをおすすめします。また、開業届については、お住まいの地域の自治体などが「起業相談窓口」を設けているケースが多々あります。

46／今はハンカチを販売していますが、セキソ粘土や小物ケースなどの制作もしています。ハンカチの種類を増やすべきか、商品の種類を増やすべきかで足踏み状態です

誰かの喜ぶ顔を感じることが喜びや制作意欲に繋がるのであれば、その可能性が高いほうを選んでみてはいかがでしょうか。セキソ粘土もハンカチもあなたが「素敵」と思って作ったものです。その気持ちや価値をお客様に伝える努力は相応に必要ですが、自分で販売作品を決めることができる点が、個人が販売活動をする上での最大のメリットでもあります。反応がなければそのときに対策を考える、くらいの気持ちでどんどんチャレンジしてほしいと思います。CHAPTER1のp.16も参考にしてみてください。

47／自分の作品が販売していいレベルかどうかわかりません

あなたが「売りたい！」と思った気持ち次第で、ショップをオープンできます。その時々でベストを尽くした作品を販売しましょう!!

48／スマホで運営しています。売上ができるまでパソコン購入は我慢、と思ってますが、このままでもいいのでしょうか？

スマートフォンのみで何年もショップを運営する作家さんも多くいますので、問題はないと思います。パソコンが買えるくらい売上が伸びるよう応援しています！

49／専業作家になるタイミングはどんな理由が多いですか？

私がお会いしてきた作家さんの場合ですが、「仕事を辞めても心配ないくらいの売上が立つようになったから専業になりました」というケースは少数派でした。思い切って退職して専業作家になったことで本気で販売活動に取り組むようになった方、引っ越しやライフスタイルの変化がきっかけになった方もいます。理由は人によって様々かもしれません。

50／もう何年も販売に踏み切れない状況です。背中を押してほしいです。

不安かもしれませんが、まずは「作ったものを見せる」ところがスタートラインです。minneは価格や配送設定をせず「展示のみ」という設定で作品を掲載することもできます。作り続けた作品達に、そろそろスポットライトをあてましょう！

ダウンロード方法＆
使い方

本書オリジナルの書き込みシートです。
ぜひ、CHAPTER1～6の内容を参考に書き出してみてください。
本書を読み終わった後に、書き出すことがおすすめです。

https://book.impress.co.jp/books/1121101123

ダウンロード方法

1 ▸ 上記のサイトにアクセス

2 ▸「特典を利用する」からデータを
ダウンロード

3 ▸ 印刷して使おう！

作家活動計画シート

作家像や適正価格などを決めるのに役立つ計画シートです。
どう活動していけばよいのか、まとめることができます。

おわりに

この本を手に取ってくださりありがとうございました。
今回の再編集を通して「売りたい」と「売れたい」
という似た言葉について考えました。
「売りたい」の行動は能動的な要素が100％であり、
「売れたい」の場合は他者への期待が含まれていると
感じます。
この本は「売りたい」という意思を持って
能動的に解決に向かう方法を書きました。
ハンドメイド作品が大好きで、
素敵な作品がもっともっと世の中に広がってほしい、
そして自らの経済圏を切り開く作家さんが増えてほしい、
と想いを込めて執筆しました。

そして、この本は、
担当編集者の方の多大なご尽力により形になりました。
ハンドメイド作品をこよなく愛する彼女は
初版につづき編集を担当くださり、
かわらずminneをご愛顧くださるファンの
おひとりでもあります。
ハンドメイド作家の皆さんに、
この本が少しでもお役にたてたら幸いです。
事例掲載にご協力いただいた作家の皆さま、
本当にありがとうございました。

minne作家活動アドバイザー
和田　まお

ハンドメイド作家・ブランドを応援する

minne公式チャンネル
minne LAB

YouTubeチャンネル「minne LAB」では、
ハンドメイド作家・ブランドの皆さんからの
お悩み相談や価格設定・写真撮影等のノウハウを
まとめた動画を多数投稿しています。

※2022年12月時点　動画本数200本以上　チャンネル登録者数24,000人

minne作家活動アドバイザー
和田まお

2015年5月よりminne by GMOペパ
ボの作家活動アドバイザーとして従
事し、価格設定や撮影、文章の書き
方、SNS活用、ブランディングなど
の相談に対応。セミナーなどを通し
てこれまで5,000名以上の作家と交
流している。
Twitter：@ma0_k
Instagram：mao_setagaya

「minne byGMOペパボ」は、ライフスタイルに合わせたこだわりの作品を購入・販売できる国内最大※1のハンドメイドマーケット。
全国各地の85万人の作家・ブランドの皆さんによって作られた、1596万点の作品との新しい出会いをお届けしています※2。

minneに集まる作品は、家具や食品、アクセサリーなどのハンドメイド作品のほか、ものづくりを促す素材・道具、手作りキット、アンティーク・ヴィンテージのアイテムまで。
自分の手だけを利用してつくったものも、誰かの手やテクノロジーの力を借りてつくったものも、こだわりを持って生み出されたものは全て作品です。

「新しいもの」は、いつのときも小さな積み重ねの先に生まれます。
「ものづくりの可能性を広げ、誰もが創造的になれる世界をつくる」を理念に、これからも全国の作家・ブランドの皆さんを応援し続けます。

minneスタッフ一同

国内最大のハンドメイドマーケット minne by GMOペパボ
https://minne.com/

※1：ハンドメイド作品の販売を主軸とするハンドメイドマーケット運営会社2社の作家・ブランド数と作品数に関するIR資料公表数値及びサイト公表数値を比較。2022年8月末時点、GMOペパボ調べ　※2：作家・ブランド数、作品数は2022年12月時点の情報です。

▶ 商品に関する問い合わせ先

このたびは弊社商品をご購入いただきありがとうございます。
本書の内容などに関するお問い合わせは、下記のURLまたはQR
コードにある問い合わせフォームからお送りください。

https://book.impress.co.jp/info/

上記フォームがご利用いただけない場合のメールでの問
い合わせ先

info@impress.co.jp

※お問い合わせの際は、書名、ISBN、お名前、お電話番号、
　メールアドレス に加えて、「該当するページ」と「具体的
　なご質問内容」「お使いの動作環境」を必ずご明記くださ
　い。なお、本書の範囲を超えるご質問にはお答えできない
　のでご了承ください。
● 電話やFAXでのご質問には対応しておりません。また、封
　書でのお問い合わせは回答までに日数をいただく場合があ
　ります。あらかじめご了承ください。
● インプレスブックス (https://book.impress.co.jp/1121101123)
　では、本書を含めインプレスの出版物に関するサポート情
　報などを提供しておりますのでそちらもご覧ください。
● 該当書籍の奥付に記載されている初版発行日から3年が
　経過した場合、もしくは該当書籍で紹介している製品や
　サービスについて提供会社によるサポートが終了した場
　合は、ご質問にお答えしかねる場合があります。
● 本書の記載は2023年2月時点での情報を元にしています。
　そのためお客様がご利用される際には情報が変更されて
　いる場合があります。あらかじめご了承ください。

■ 落丁・乱丁本などの問い合わせ先

FAX　03-6837-5023
service@impress.co.jp
● 古書店で購入されたものについてはお取り替えできません。

▶ STAFF

監修	GMOペパボ株式会社 minne事業部
デザイン	細山田光宣　奥山志乃（細山田デザイン事務所）
イラスト	つまようじ（京田クリエーション）
DTP	柏倉真理子
校正	大西美紀
編集	宇枝瑞穂

minne公式本
ハンドメイド作家のための教科書!!
minneが教える売れるきほん帖 改訂版

2023年3月21日　初版第1刷発行

著　者：和田まお
発行人：小川 亨
編集人：高橋隆志
発行所：株式会社インプレス
　　　　〒101-0051
　　　　東京都千代田区神田神保町一丁目105番地
　　　　ホームページ　https://book.impress.co.jp/

印刷所　シナノ書籍印刷株式会社
ISBN978-4-295-01619-9　C0076

Printed in Japan